AF537771

NANETTES KOCHBUCH

Die gesammelten Rezepte einer Landbäuerin

Erste Auflage Oktober 2021

www.arsvivendi.com

Konzeption: Denise Maurer, ars vivendi
Text: Dr. Felicitas Igel, www.textweise.net
Lektorat: Inez Ulrich
Cover- und Foodfotos: © Katharina Pflug, www.katharinapflug.de
Einband, Layout und Satz: © Sarah Newrzella, www.sarahnewrzel.la

Druck und Bindung: Appl, Wemding
Printed in Germany

ISBN 978-3-7472-0295-1

inhalt

einleitung 4

brotzeit 12

salate & suppen 28

gemüse & vegetarisch 74

fisch & fleisch 114

süßspeisen & gebäck 190

grundrezepte 226

register & danksagung 246

einleitung

Sie hieß Nanette Herz, und sie hatte ein großes Herz, in dem so vieles Platz fand: ihr Elternhaus auf dem Bauhof in Cadolzburg, wo sie als einziges Kind von Anna und Konrad Stöber aufwuchs, vielfältig gefördert und gefordert schon in jungen Jahren. Die Tiere, die um sie waren, als sie noch klein war, und später, nachdem sie den Bauhof übernommen hatte. Ihre Familie, die sie gemeinsam mit Hans Herz gründete, die beiden Kinder Elisabeth und Fritz. Ihre Lehrlinge, kenntnisreich und mit Hingabe von ihr ausgebildet. Und neben den Menschen auch die Arbeit in der Küche, im Haus und auf dem Feld, die gemeinsamen Unternehmungen mit den Ortsbäuerinnen, ihre Tätigkeit als Kreisbäuerin, der Einsatz für die Landfrauen. All das hatte in ihrem Herzen Platz – und noch viel mehr.

Das Brauchtum lag ihr am Herzen, die Wiederbelebung fast vergessener Traditionen. Der Landfrauenchor, den sie gegründet hatte, und die Volkstanzgruppe, die sie ins Leben rief. Bald war sie viel auf Achse, zusätzlich zu dem, was daheim zu tun war. Und das war schon eine ganze Menge.

Nanette liebte es, ihre Familie und ihre Gäste zu bewirten, dafür zu sorgen, dass für jeden und jede immer genug da war. Ein Zuhause zu schaffen, in dem sich alle aufgehoben fühlten. Zugleich liebte sie das Reisen, mochte die Welt erkunden, ließ sich den jährlichen Familienurlaub auf dem Campingplatz in Italien nicht nehmen und bereiste – bemerkenswert genug für eine Bäuerin aus einer kleinen fränkischen Ortschaft – viele Länder der Erde, teils sogar mehrfach, darunter Österreich und die Schweiz, aber auch Amerika, China, Ägypten, Israel, Mexiko und Russland.

Und Nanette brannte dafür, sich weiterzubilden, dazuzulernen, die neuesten Erkenntnisse und technischen Errungenschaften zu nutzen, alles auszuprobieren, sich umfassend damit zu beschäftigen. Als eine der Pionierinnen absolvierte sie 1958 die Meisterprüfung in der ländlichen Hauswirtschaft, im allerersten Jahrgang; diesen Ausbildungsberuf für Frauen gab es erst seit den 50er-Jahren. Wenn ihre Tochter Elisabeth zurückblickt, sieht sie vor ihrem inneren Auge noch heute Mutter und Vater, wie sie abends, nach einem anstrengenden Tag auf dem Bauernhof, am großen Tisch im Wohnzimmer sitzen, jeder auf seiner Seite, und für die Prüfungen lernen, Bücher wälzen.

Nanette war wissbegierig, kommunikativ, für Neues aufgeschlossen und darauf bedacht, die Zusammenhänge zu verstehen, aus Erfahrung zu schöpfen und es immer noch besser zu machen. Und so fiel das Bestreben ihres Großvaters schon in ihrer Kindheit und Jugend auf fruchtbaren Boden; er war sehr belesen, hatte studiert und breit gefächerte Interessen – und er war seiner Enkelin sehr zugewandt, nahm sich ihrer an, gab

vieles an sie weiter und legte Wert auf eine adäquate Bildung – nicht nur für seine Tochter, die er auf die Höhere Töchterschule in Nördlingen geschickt hatte, sondern auch für Nanette. Sie besuchte die Landfrauenschule in Blaubeuren, ließ es dabei aber noch lange nicht bewenden …

Im Laufe der Zeit erschloss sie sich viele interessante Gebiete, widmete sich neben haus- und landwirtschaftlichen Themen unter anderem den Überlieferungen zu alten Bauernregeln und -weisheiten sowie denjenigen zu Lostagen und zur Bedeutung von Lichtmess in früheren Zeiten. Und sie hielt Vorträge, damit all das nicht verloren ging. Nanette steckte also nicht nur viel Energie in den Erwerb von Wissen und seine stete Erweiterung, sie ließ ihre Umgebung daran teilhaben, gab es großzügig weiter – und eröffnete so auch anderen Frauen am Ort und im Fürther Land die Möglichkeit, sich fortzubilden, aus dem engsten Kreis herauszutreten, sich außerhalb der Familie zu bewegen und neue geistige Felder zu bestellen. In ihrer Funktion als Kreisbäuerin organisierte sie Kurse zu den verschiedensten Sachthemen, daneben Kulturveranstaltungen, Theaterfahrten nach Nürnberg oder Fürth, zu den Luisenburg-Festspielen in Wunsiedel oder den Passionsspielen in Oberammergau. Sie beraumte regelmäßige Proben und Auftritte des Landfrauenchors wie auch der Volkstanzgruppe an und kümmerte sich sogar um Schwimmkurse für die Bäuerinnen. Nur zehn Prozent von ihnen konnten damals schwimmen, und obwohl deren Ehemänner in den meisten Fällen der Meinung waren, das sei auch gar nicht nötig, zog Nanette ihr Vorhaben gegen beschränkendes Denken und verkrustete Strukturen durch. Nicht weniger als ein Akt der Emanzipation. »Frauenpower« würde man das heute nennen.

Daraus wird mehr als deutlich: Nanette Herz zeichnete sich nicht zuletzt durch ihre entschlossene Tatkraft aus. Theorie setzte sie unmittelbar in die Praxis um, sie nahm die Dinge in die Hand, packte zu, jeden Tag aufs Neue, fragte nicht lange, entschied und tat, was sie für richtig hielt. Sie füllte den Raum aus, gestaltete ihn nach ihren Vorstellungen, hielt dabei die Fäden in der Hand, tonangebend.

Als Kreisbäuerin engagierte sie sich dafür, alte Bräuche neu aufleben zu lassen, gewann den Bauernverband als Veranstalter und feierte fortan gemeinsam mit den Ortsbäuerinnen und -bauern wieder den »Niederfall«, mit dem man ehedem das Ende der Getreideernte beging. Und auch was andere Jahresfeste betraf, besann sie sich auf die Kraft althergebrachter Rituale: An Silvester wurden auf dem Bauhof die alten Reisigbesen verbrannt, um das neue Jahr mit neuen Besen zu beginnen – ganz so, wie es vormals üblich war.

Die Frage, ob sie persönlich einmal ans Aufhören gedacht habe mit dem Hof, so wie viele kleinere bäuerliche Betriebe, die in den 60er-Jahren aufgaben, verneinte sie – und begründete das folgendermaßen: »Weil ich gern Bäuerin war und auch gern alle die Arbeiten gemacht habe, draußen vor allen Dingen. […] Und Gastronomie hatten wir auch noch, […] also ich war gern Bäuerin, das muss ich ehrlich sagen.«

Bis ins hohe Alter begegnete man in Nanette Herz einer Frau, die im Reinen war mit sich und der Rolle, die sie einnahm, die wusste, wer sie war, was sie vermochte und bewirken konnte. Die in den arbeitsreichen Jahren ihres langen Lebens den Überblick behielt, Verantwortung übernahm, ohne zu zögern, und diese mit der ihr eigenen Ernsthaftigkeit und Würde trug. Sie musste schon bald den Laden schmeißen, alles im Griff behalten, koordinieren, dafür sorgen, dass es glattlief. Viel lastete auf ihren Schultern, doch es war ihr auf natürliche Weise gegeben, die Führung zu übernehmen.

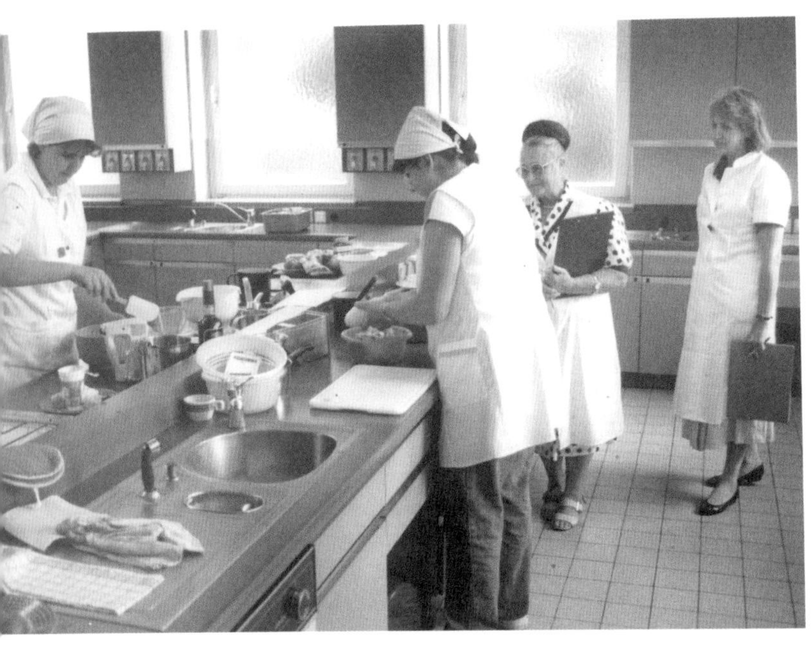

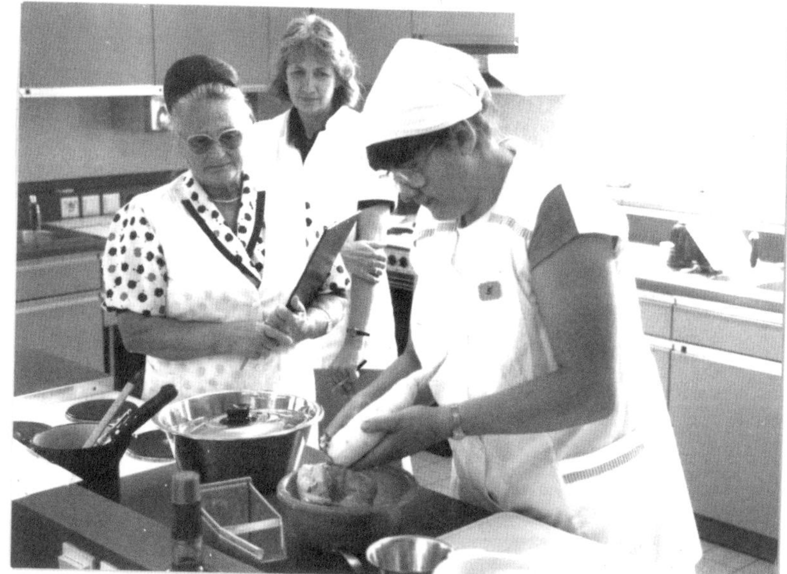

»Nanette ist eine Fürstin.« – So drückte es einmal eine Künstlerin aus, die zur 850-Jahr-Feier in Cadolzburg zu Besuch war, und fasste damit in Worte, was die Menschen spürten, wenn sie Nanette begegneten: jenen angeborenen Status, von ihr selbst nie infrage gestellt, einen nahezu herrschaftlichen Anspruch, der ihr Geburtsrecht zu sein schien, der ganz selbstverständlich da war und der nie die Menschen rundum aus dem Blick verlor. Sie sorgte für die Ihren und für den noch viel größeren Kreis derer, die ihr das Vertrauen geschenkt und sie zu ihrer Vertreterin gewählt hatten.

Und weil Nanette beherrschte, was sie tat – sei es draußen in der Welt, auf dem Hof oder in ihrem geliebten Küchenreich – lohnt es sich allemal, ihre Rezepte auszuprobieren. Haben Sie Freude dabei, lassen Sie sichs schmecken – und denken Sie währenddessen, wenn Sie mögen, hin und wieder mal an Nanette Herz, die einstige Herrin des Bauhofs in Cadolzburg mit dem Herz am rechten Fleck.

1 x 4 = 5.50
1 x 3 4.50
1 x 2 3.50
1 x 1 2.50
Platten 5.50
1 Port. Tatar · 3.- mit Ei 3.50
1 Tatarbrot · 2.50
1 Schinkenbrot · 3.20
Wurstbrot . . . 2.50
Käsebrot . . . 2.50
Obatzter . . . 3.50
Sulze . . . 3,50
Pressack . . . 3.-

Alte Brotzeitkarte aus dem »Bauhof«. Die Angaben 1 x 4, 1 x 3 usw. beziehen sich auf die Anzahl an servierten Bratwürsten – das sogenannte »Bauhof-Einmaleins«.

brotzeit

Wie der Name schon vermuten lässt, galt im Bauhof – und so ist es in ganz Franken verbreitet – für eine »Brotzeit« gutes Schwarz- oder Bauernbrot als unerlässlich. Nach einem langen Tag auf Hof und Feld war das die schnellste und sättigendste Mahlzeit; ein »Zapfen Wurst« aus eigener Herstellung komplettierte das Mahl schon fast. Noch ein kühles »Seidla« aus dem Tonkrug dazu, und der Feierabend war für alle fleißigen Helferinnen und Helfer des Bauhofs endgültig eingeläutet.
Am Sonntagabend hatte dann auch die Gaststätte für Brotzeithungrige geöffnet: Nanette und ihre Mutter Anna servierten neben kalten Spezialitäten wie Presssack mit Musik oder Obatzden auf Wunsch auch Bratwürste mit selbst gemachtem Sauerkraut und einer Scheibe Brot. Bei gutem Wetter konnten sich die Gäste sogar in den schattigen Biergarten hinter dem Haus setzen und dort ihr Abendessen genießen.

In Nanettes Gaststätte, dem Bauhof, gab es an den Wochenenden lange Zeit fast ausschließlich kalte Küche. Zur Brotzeit servierte sie ihren Gästen dann gerne verschiedene Wurst- und Fleischspezialitäten aus eigener Schlachtung. »Bratwurstgehäck« wird in vielen Teilen Süddeutschlands die Füllung einer Bratwurst genannt, allgemein bekannt als Brät. Mit Zwiebeln, Paprikapulver und einem kühlen Bier ein echter Biergarten-Klassiker.

bratwurstgehäckbrot

FÜR 4 PERSONEN

1 Zwiebel
200 g Bratwurstbrät
4 Scheiben Bauernbrot
Salz und Pfeffer aus der Mühle
Paprikapulver

Zwiebel schälen und in dünne Ringe schneiden. Das Bratwurstgehäck auf das Brot streichen, mit Zwiebelringen belegen und mit Salz, Pfeffer und Paprikapulver würzen.

Wenn auf dem Bierkeller oder in den Biergärten Frankens etwas »mit Musik« bestellt wird, bedeutet das nicht, dass sich plötzlich eine Blaskapelle um den Tisch gesellt und den Biergartengast mit Volksmusik beglückt. Sobald Wurst oder auch Käse in einer Essig-Öl-Marinade und mit Zwiebeln garniert serviert wird, wird dieses Ensemble »mit Musik« genannt.

presssack mit musik

FÜR 4 PERSONEN

je 2 Scheiben weißer und roter Presssack
2 große Zwiebeln
Salz und Pfeffer aus der Mühle
5 EL Weinessig
5 EL neutrales Pflanzenöl
1 TL Zucker
5 EL Gurkenwasser
4 Gewürzgurken

Die Presssackscheiben jeweils halbieren oder in mundgerechte Stücke schneiden und auf vier Teller verteilen.

Die Zwiebeln schälen, in feine Ringe schneiden und auf dem Presssack anrichten. Kräftig mit Salz und Pfeffer würzen.

Aus Essig, Öl, Zucker und Gurkenwasser eine Marinade anrühren und über den Presssack geben. Etwas einziehen lassen und mit je 1 Gewürzgurke servieren.

Der Presssack lässt sich auch gut durch rote Stadtwurst oder Limburger ersetzen, dann heißt es eben »Stadtwurst« oder »Limburger mit Musik«.

Rettich mit Brot, Butter und Salz gehört zur traditionellen Brotzeit auf den Kellern und in den Biergärten Frankens. Die weiße Wurzel am besten mal zum Abendessen in einem kräftigen Wurstsalat probieren. Dazu noch »a Seidla« Bier (ein halber Liter Bier) – und die Welt ist in Ordnung!

bierkeller-wurstsalat

FÜR 4 PERSONEN

250 g Emmentaler
350 g Fleischkäse in dünnen Scheiben
200 g Rettich
2 rote Zwiebeln
1 Bund Schnittlauch

FÜR DIE VINAIGRETTE

3–4 EL Weißweinessig
2–3 TL mittelscharfer oder süßer Senf
8 EL Rapsöl
Salz und Pfeffer aus der Mühle

Küchenreibe

Emmentaler und Fleischkäse in 1 cm breite Streifen schneiden. Den Rettich putzen, waschen und in feine Scheiben hobeln. Die Zwiebeln schälen, halbieren und in feine Streifen schneiden. Den Schnittlauch waschen, trocken schütteln und in Röllchen schneiden. Alles in eine Schüssel geben.

Für die Vinaigrette Weißweinessig, Senf, Öl und 2 EL Wasser in einem Schälchen verquirlen. Mit Salz und Pfeffer würzen. Über den Salat träufeln und gut unterheben.

Bei Bedarf nochmals mit Salz und Pfeffer abschmecken.

Dazu passen Bauernbrot oder Brezen.

In Franken sagt man zu dem vor allem in Bayern verbreiteten Käseaufstrich »Gerupfter«, die Zubereitung ist aber dieselbe. Ein Klassiker in Biergärten und hervorragend auf Schwarzbrot. Und mit klein geschnittenen Zwiebeln ein Genuss!

obatzder

FÜR 4–6 PERSONEN

1 Zwiebel
125 g reifer Camembert
62 g Sahne-Schmelzkäse
60 g weiche Butter
½ TL edelsüßes Paprikapulver
Salz
einige Scheiben Schwarzbrot

Alle Zutaten rechtzeitig aus dem Kühlschrank nehmen, damit sie bei der Verarbeitung Zimmertemperatur haben.

Die Zwiebel schälen und fein hacken. Zusammen mit Camembert, Schmelzkäse und Butter in einer Schüssel mit einer Gabel fein zerdrücken, bis eine streichfähige Masse entsteht. Den Obatzden mit Paprikapulver und Salz pikant abschmecken.

Im Kühlschrank 1 Stunde durchziehen lassen. Auf frischem Schwarzbrot genießen.

im wirtshaus *bauhof*

sonntagabend in der gaststätte *bauhof* …

Wenn Fritz Herz am Sonntagabend Punkt 17 Uhr die Gastwirtschaft im *Bauhof* aufschloss, warteten oft schon die ersten Gäste. Das Fußballspiel bei Greimersdorf war zu Ende, und die Fußballer begehrten mit ihren Frauen Einlass. Sie hatten Durst nach all der Anstrengung, es war dringend. Also winkte Fritz sie herein, schenkte rasch die Getränke aus, nahm weitere Bestellungen auf. Hatte jemand Hunger und wollte vielleicht eine Brotzeitplatte oder eine Portion Obatzden, dann rief er mit dem Haustelefon hinauf zu seiner Mutter: Sie werde in der Küche gebraucht, um das Essen zu richten. Manchmal dauerte es ein wenig, bis sie da war, hatte sie es sich doch gerade erst bequem gemacht. Aber Pflicht ist Pflicht, und spätestens, wenn die Bauern ihren Platz am runden Tisch eingenommen hatten und auch die Honoratioren des Ortes erschienen waren, all jene, die in Cadolzburg einen Betrieb führten, der Bäcker, der Metzger, der Schmied, der Elektriker, der Schokoladen-Fabrikant, dann wurde auch nach Sauren Zipfeln verlangt, oder nach

Bratwürsten, frisch aus der Pfanne, mit Sauerkraut und Brot. Die Würste gabs nach dem Schlachten aus eigener Herstellung, und wenn die aufgegessen waren, holte man sie in der Metzgerei des Onkels.

Und so kam es, dass der schwarze Tiegel in der Speisekammer am Montag stets randvoll war mit gebratenen Würsten, auch das Fett war mit dabei, Salz stand daneben, und wer wollte, nahm sich eine Scheibe Brot, strich Schmalz drauf und belegte sie mit Bratwursthälften. »Solche Bratwurst-Brote bekam ich dann auch regelmäßig mit in die Schule«, erinnert sich Elisabeth, »und die anderen Kinder waren immer ganz scharf drauf.« Also hat sie freigebig geteilt und getauscht …

Am Abend zuvor jedoch, wenn gegen halb neun der »Hauptschwung« vorbei war, zog sich Nanette gern wieder nach oben zurück, um sich noch einen Film anzusehen, der *Tatort* stand hoch im Kurs. Nach getaner Arbeit reizte es sie kaum, sich in die gut gefüllte Gaststätte zu setzen, ihr Wirkungsbereich war die Küche, dort hatte sie ihre Schuldigkeit getan, und dabei beließ sie es meist.

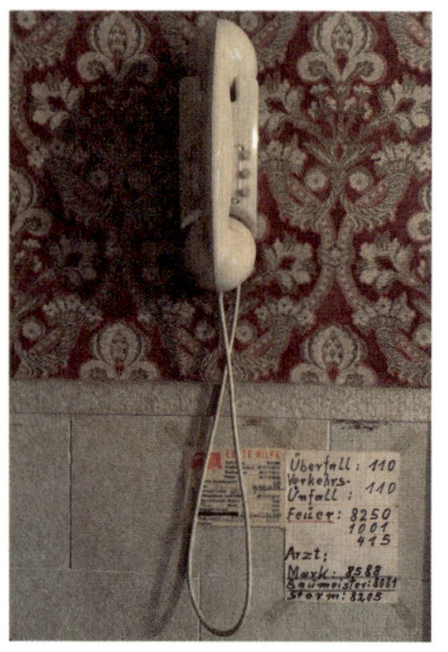

bewirtung von gesellschaften: private feiern im *bauhof*

Immer häufiger im Lauf der Jahre kochte Nanette auch für private Gesellschaften. Geburtstage, Hochzeiten, Taufen und Konfirmationen wurden im *Bauhof* gefeiert, und sie kümmerte sich federführend um alles: von der Reservierung und individuellen Planung der gewünschten Speisenfolge gemeinsam mit den Jubilaren, Brautpaaren oder Eltern, die das Fest ausrichteten, über die Kalkulation und Besorgung der benötigten Zutaten bis hin zur Zubereitung der einzelnen Gerichte. Sie organisierte, rechnete, nannte den Preis, setzte das Vereinbarte mit ihren Helferinnen und Helfern um. Mindestens eine, zeitweise drei bis vier Veranstaltungen in der Woche waren zu stemmen, und das leibliche Wohl der Gäste stand dabei an erster Stelle. Drei Gänge waren Standard: eine Suppe, diverse Hauptgerichte, zwei verschiedene Nachspeisen; mit der Zeit kamen andere Vorspeisen hinzu.

Nach der Heirat von Fritz und Gerlinde, die als Erste auf die Idee gekommen waren, die Scheune auf dem Hof für ihre Feier herzurichten und zu schmücken, fanden zunehmend mehr und größere Hochzeiten hier statt. Im Anschluss an die Hochzeitssuppe à la *Bauhof* mit Leberknödeln, Pfannkuchenstreifen und Markklößchen wurde Rindfleisch mit Kren, Preiselbeeren und Schwarzbrot kredenzt, danach Braten vom Schwein, Rind und auf Wunsch auch von der Ente, als Nachtisch waren Apfelküchle, eine Eisbombe, Eis mit heißen Himbeeren oder Nanettes berühmte Weinschaumcreme die Favoriten.

oder

1Ltr. Bier-Radler	3.[illegible]
0,5 " " oder "	1,60
0,25 " " "	1,20
Apfels. Cola Limo 0,20Ltr.	1.[illegible]
0,02 Schnaps	1,50
Wein-Franken 0,25	3. 80
" Mosel-Rhein 0,25	3. –
Schorle 0,5Ltr	3,50
Spezi 0,5 "	2,50
Kaffee-Tasse	1,50
Tee 1,50 m. Rum je 0,02 + 1.	
Glühwein 3.–	
Grogg mit 0,04 =	3.[illegible]
Wumba 1Ltr.	6,50
Schorle 1Ltr.	6.–
Laterne 1Ltr.	9.[illegible]

Mit Bedienung 15.2

1/2 Bier	1,20
" Kupfer	1,40
" Bock	1,60
1 Gl. Schnaps	1,20
" Limonade	-,80
" Apfelsaft	-,80
" Hessenquelle	-,60
1/4 Franken	3,30
" [illegible]	2,80

1 X 2 gebr. m. Kraut oder sauer

1 X 3 "

1 Platte: Wurst, Schinken, Käse.

1 Port. Leber

Leber Brot

Wurst "

Bratwürste gebraten mit Kraut oder

Kartoffelsalat 1x3 =

Bratwürste sauer " 1X3 =

Sülze =

Wurstplatte eigene Schlachtung 1

SPEISEN-KARTE

15.12.74.

Bratwürste-Kraut	
1 x 3	4,–
1 x 2	3,–
Schinken-Platte	4.90
Käse- "	4.90
Wurst- "	4.90
1 Port. Tatar	2.80
1 " Sülze	2.50
Weihnachts-Stollen Stck.	–.80

Nordheimer Vögelein	(Franken)	1/4 Ltr.	3.
Hausschoppen	"	"	2.
Römergut	(Rheinpfalz)	"	2.
Kalterer See	(Rotwein)	"	2.
1/2 Ltr. Bier			1.
1/2 Ltr. Altes Kupfer			1.
1/2 Ltr. Bock			1.
1 Glas Cola			–.
Limo			–.
Apfelsaft			–.
Hessenquelle			–.

ADOLZBURG

*

Konrad St…

…ststätt…

nur

…nntag ab

17 h

…öffnet!

Ohne Bedienung

1/2 Bier	1,10	1 x 3	4,–
1/2 Kupfer	1,20	1 x 2	3,–
1/2 Bock	1,50	Platte	4.50
Glas Limo	–.70	Port. Tatar	2.50
" Cola	–.70	Tatar Brot	1.80
" Apfelsaft	–.70	Wurst Brot	1.50
Hessenquelle	–,50	Schinken "	2.50
0,02 Schnaps	1,10	Tee	1,10
1/4 Franken	3,–	Kaffee Tasse	1.20
1/2 Mosel-Rhein	2,50	Portion	2.20
Glühwein + Grogg	2,50	Kuchen	1.40
Schorle	2,50	Käsebrot	1.80
Mexiko	1,40	Obatzter Käse	2,50
		Salzstangen	–.40

…uhof-…

ADOL…

Fischgar…

WEINK…

…gelein (Fran…

(Rheinpfal…

(Rotwein)

Als typisches Gericht aus der *Bauhof*-Küche darf neben diesen Klassikern auch der zarte Lammbraten gelten. Im November schlachtete Nanettes Vater die Lämmer, die im Januar und Februar auf dem Hof geboren waren. Lamm mit Klößen und Blaukraut oder Bohnen war nicht zuletzt auch bei Gästen beliebt, die etwas Besonderes suchten, um persönliche

Konrad Stöber, Nanette und eine Auszubildende in der Gaststube

NZ am Wochenende

Die unterirdische Lust

Der Cadolzburger Bauhof

Noch vier Tage und der Fasching [illegible] ist vorbei. Die leeren Geldbeutel werden gewaschen und die letzten Faschingskater werden mit sauren Heringen vertrieben. Die „reifere" Jugend hat eine Verschnaufpause und freut sich auf den nächsten Fasching. Die Jungen und Mädchen aber sind mit ihren Gedanken schon bei den Kirchweihfesten, deren Reigen schon im Mai beginnt. Der „Schorsch" und der „Bene", die Babett und das Liesla freuen sich schon auf „ihre" Kirchweih und bald klingt es wieder durch Stadt und Dorf „Heint is unnera, heint is unnera, heint is unnera Kärwa!"

Tagelang vor dem Fest schaut man in den Himmel mit der bangen Frage im Herzen: „Wird uns der liebe Petrus auch das richtige Kärwawetter schicken?" Nur in einer Gemeinde hat die Jugend diese Wettersorgen nicht, in Cadolzburg, dem historischen Markt im Fürther Landkreis.

Die Cadolzburger Jugend ist vor Regen und allzu großer Hitze sicher. Da brummt die Baßgeige neun Meter tief unter der Erde, da bricht sich die Fülle der Akkorde an dicken Mauern und die Melodien der „Kärwa-Liedle" wirft das Echo in den hohen Kellergewölben zurück. Die Cadolzburger Jugend feiert ihre „[illegible]-Kärwa". Am Vorabend des Kirchweihsonntags treffen sich die Burschen und Mädel im Tal unterhalb der Ruine der Cadolzburg, um in den tiefen Kellern des „Bauhofs" ihre „Kärwa" zu eröffnen.

In dem größten der Keller, er hat die Ausmaße eines mittleren Wirtshaussaales, sitzt die Musik auf einem Podium und über den jahrhundertealten Steinboden wirbeln die Paare. Aber nicht nur die Cadolzburger Jugend und ihre Freunde lieben diese Stunden im Bauhofkeller, auch die Erlanger Studenten feiern zwischen den zwei Meter dicken Mauern ihre Feste und das „Gaudeamus igitur" klingt hier unten genauso schön, wie die Kärwaliedle der Cadolzburger Jugend. Hier unten ist es auch an heißen Sommertagen kühl und von dem Trubel dringt kein Laut ins Freie.

Turbulent ging es auf dem Bauhof im Laufe seiner jahrhundertealten Geschichte oft zu. Fiel doch die Cadolzburg in den letzten Tagen des zweiten Weltkriegs einer sinnlos ge-

oder geschäftliche Anlässe – wie etwa den Abschluss eines weiteren Bauabschnitts auf der Cadolzburg – zu begehen. Mit den Speisen aus Nanettes und Gerlindes Ofen und den Töpfen und Pfannen auf ihrem Herd waren sie immer gut beraten.

… werkbau, der zum Besitz des „Bauhofs“ gehört. Das Hauptgebäude ziert als Kunstschmiedearbeit das Wappen der Hacker.

Trotz aller kriegerischen Fährnisse blieben auf dem Bauhof Frohsinn und Humor Trumpf. Als fränkische Bauern von echtem Schrot und Korn hielten die Hackerbauern auf Tradition. Heute ziert die Außenwand unter dem schmucken Fachwerk das der Familie verliehene Wappen, wie es die Urkunde von 1645 beschreibt: Ein gelber Schild von einem roten Balken geteilt, im unteren Feld ein Fisch, im oberen Feld zwei Lilien, darüber ein Stechhelm mit blau-roter Helmdecke, gekrönt von einem Flügelpaar mit einer Lilie. Unter dem Schildrand steht der den Hackers verliehene Wappenspruch: „Tu nit mit Unbedacht.“ Sieht man den großen Hof heute mit seinen Fachwerkbauten und den weiträumigen Stallungen, dann glaubt man gern, daß hier durch Jahrhunderte nichts mit Unbedacht geschehen ist.

So verbinden sich auf dem Bauhof in Cadolzburg geschichtliche Vergangenheit und heitere Gegenwart zu schönster Harmonie und wer dem nun zu Ende gehenden Fasching nachtrauert, der sollte einmal den Weg zur „Talerkärwa“ nach Cadolzburg in den Bauhof suchen. Er wird hier eine Jugend zwischen den Kellermauern finden, die trotz Twist, Madison und Bossa nova nicht den Sinn für fränkisches Brauchtum verloren hat.

Nanettes Mutter und eine Helferin beim emsigen Klößeformen

Die zerstörte Gaststube des »Bauhofs« nach Beschuss von Burg und Gasthaus 1945

Die neue Gaststube in den 1960er–70er-Jahren

salate & suppen

Salat wurde im Wirtshaus und auch zu den Familienessen meistens zusätzlich gereicht. Salatteller als Hauptmahlzeit waren in der Gaststätte eher nicht üblich. Nichtsdestotrotz kannte Nanette eine große Bandbreite an Salatgerichten, auch weil sie fast alles, was im Garten oder auf dem Acker wuchs, selbst verarbeitete: Spargel, Bohnen, Sellerie, Weißkohl, Gelbe Rüben (Karotten), Schwarzwurzeln und noch mehr wurden entweder sofort (essigsauer) eingeweckt oder frisch zubereitet.

Ebenfalls fester Bestandteil eines fränkischen Mittag- oder auch Festessens ist die Suppe. Ohne diese als »Vorspeise« war das Mahl nicht vollständig. Nanette kochte am liebsten Spargelsuppe, wenn das edle weiße Gemüse Saison hatte, und verarbeitete ansonsten allerlei andere Erzeugnisse aus dem Garten für vielfältigste Gemüsesuppen.

Sobald die Spargelsaison am Bauhof eingeläutet war, traf man Nanette in der Küche fast nur noch in Gesellschaft der weißen Stangen an. Ihre Favoriten waren dabei dieser Spargelsalat und Spargelsuppe (Rezept S. 56) – es gab sie fortan fast täglich. Ihre Kinder und Enkel sehen sie in Gedanken noch heute mit dem Sparschäler in der Küche stehen.

fränkischer spargelsalat

FÜR 4 PERSONEN

2 kg Spargel
Salz

FÜR DIE MARINADE

½ Tasse Estragonessig
2 Tassen Spargelsud
Salz und Pfeffer aus der Mühle
1 Prise Zucker
4 EL Speiseöl
gehackter Schnittlauch

Sparschäler

Die Spargelstangen gründlich schälen und holzige Enden abschneiden. In einem passenden Topf etwa 3 l Salzwasser zum Kochen bringen. Den Spargel hineingeben und 15–20 Minuten garen.

In der Zwischenzeit aus Essig, Spargelsud (vom kochenden Spargel), Salz, Pfeffer und Zucker eine Marinade bereiten.

Den gegarten Spargel mit einer Schaumkelle herausheben und heiß in die Marinade legen. Etwa 2 Stunden durchziehen lassen. Dann erst mit Öl beträufeln und mit Schnittlauch bestreuen.

Für den Salat Spargel in bester Qualität verwenden. Seine Köpfe müssen fest und geschlossen sein.

Klein Nanette beim Füttern der Hühner

Gut durchgezogen schmeckt der Krautsalat am besten. Die Kümmelsamen machen ihn bekömmlicher.

krautsalat

FÜR 6–8 PERSONEN

FÜR DEN SALAT

1 mittelgroßer Kopf Weißkohl
1 Zwiebel
½ TL Kümmelsamen (nach Belieben)
geröstete Schinkenspeck-Würfel (nach Belieben)

FÜR DIE MARINADE

Weinessig
1 Prise Zucker
Salz und Pfeffer aus der Mühle
100 ml Raps- oder Sonnenblumenöl

Küchenreibe

Die äußeren Blätter des Weißkohls entfernen, den Rest in eine Schüssel fein hobeln und waschen. Gut abtropfen lassen. Die Zwiebel schälen, halbieren, in feine Scheiben schneiden und zum Kraut geben. Kräftig durchkneten, bis der Kohl weich ist. Nach Belieben Kümmel untermischen.

Für die Marinade 500 ml Wasser mit 1 Schuss Essig, etwas Zucker, Salz, Pfeffer und Öl aufkochen und die Krautmischung damit überbrühen. Abgedeckt 24 Stunden ziehen lassen.

Wer es gerne deftig mag, gibt noch geröstete Schinkenspeck-Würfel in den Salat.

Ein Salatklassiker, der in keinem fränkischen Wirtshaus fehlen darf. Am besten festkochende Kartoffeln verwenden, sonst wird der Salat breiig. Zu Gebackenem Karpfen (Rezept S. 119), Nürnbergern im »Blättla« (Rezept S. 162) oder Schnitzel servieren.

kartoffelsalat

FÜR 4 PERSONEN

1 kg festkochende Kartoffeln (z. B. Sorte Selma)
1 Zwiebel
4 EL Öl
100–150 ml Fleisch- oder Gemüsebrühe (Rezept S. 233)
3 EL Kräuteressig
Salz und Pfeffer aus der Mühle

Die Kartoffeln waschen und mit Schale in einem Topf 20 Minuten gar kochen. Mit kaltem Wasser abschrecken, pellen und in Scheiben schneiden.

Die Zwiebel schälen, fein würfeln, in einer Pfanne in 1 EL Öl glasig dünsten und über die Kartoffeln geben.

Die Brühe erhitzen und mit dem restlichen Öl sowie Essig vorsichtig unter die Kartoffeln mischen. Den Salat durchziehen lassen, dann mit Salz und Pfeffer abschmecken.

Wer mag, mischt etwas Feld- oder Endiviensalat (im Winter) oder fein gehobelte Gurke (im Sommer) unter den Salat. Für eine deftigere Variante zusammen mit der Zwiebel etwas durchwachsenen Speck anbraten.

Der Klassiker mit angebratenem Speck schmeckte jedem und war einer der wenigen Wintersalate. Feldsalat baute Nanette in den Herbst- und Wintermonaten in ihrem Garten an.

feldsalat mit speck

FÜR 4 PERSONEN

1 Knoblauchzehe
250 g Feldsalat
100 g Parmesan
125 g Schinkenspeck

FÜR DIE MARINADE

1 Bio-Eigelb
2 EL Zitronensaft
1 EL mittelscharfer Senf
Salz und Pfeffer aus der Mühle
2 EL Olivenöl
1 Prise Zucker

Sparschäler oder Küchenreibe

Den Knoblauch abziehen, halbieren und eine Salatschüssel damit ausreiben. Feldsalat putzen, waschen und gut trocknen. Parmesan in dünne Scheiben hobeln. Den Schinkenspeck in dünne Streifen schneiden und in einer Pfanne ohne Fett bei schwacher Hitze knusprig ausbraten. Auf Küchenpapier abtropfen lassen, das Bratfett aufbewahren.

Für die Marinade Eigelb, Zitronensaft und Senf mit einem Schneebesen verquirlen, mit Salz und Pfeffer würzen. Olivenöl und Bratfett unterschlagen und die Marinade mit Zucker abschmecken.

Feldsalat, Parmesan und Schinkenspeck in der vorbereiteten Schüssel mischen, mit der Marinade beträufeln und sofort servieren.

Die Zubereitung dieses einfachen Salats geht sehr schnell, am längsten dauert dann die Marinierzeit. Wenn Rote Bete und Apfel den Essigsud gut aufgenommen haben, schmeckt der Salat hervorragend als Beilage zu deftigen Fleischgerichten. In Franken nennt man Rote Bete »Rote Rüben«, deshalb hieß der Salat bei Nanette auch »Rote-Rüben-Salat«.

schneller rote-bete-apfel-salat

FÜR 4 PERSONEN ALS VORSPEISE ODER BEILAGE

1 große oder 2–3 kleine Knollen Rote Bete
2 säuerliche Äpfel
1 Handvoll Sonnenblumenkerne
100 g Sahne (optional)

FÜR DAS DRESSING

2 EL Essig
3 EL Sonnenblumenöl
1 Prise Salz
1 Prise Zucker

Küchenreibe

Die Rote Bete putzen, schälen und fein in eine Schüssel raspeln. Die Äpfel waschen, vierteln, entkernen und mit Schale ebenfalls zu der Roten Bete reiben.

Essig, Öl, Salz und Zucker in einer kleinen Schüssel vermengen und über die Raspel in der Schüssel gießen. Alles gut vermischen und einige Stunden, mindestens aber 30 Minuten im Kühlschrank ziehen lassen.

Die Sonnenblumenkerne in einer Pfanne ohne Fett anrösten. Vor dem Servieren die Sahne (falls verwendet) unter die Rohkostraspel heben und mit den gerösteten Sonnenblumenkernen bestreuen.

Wer Rote Bete nur als Salat oder Rohkost kennt, wird von diesem kleinen Gericht überrascht sein. Es schmeckt als Vorspeise oder Beilage. Noch schneller fertig ist man mit vorgekochten Roten Beten.

rote bete mit orangen

FÜR 4 PERSONEN ALS VORSPEISE ODER BEILAGE

3–4 kleine Rote Beten (ca. 500 g)
Salz
1 Orange
50 g Butter
4 EL Orangenmarmelade
Pfeffer aus der Mühle

Die Roten Beten waschen und die Wurzelansätze entfernen.

Einen Topf mit Salzwasser zum Kochen bringen und die Knollen 30 Minuten garen, bis sie weich sind. Abgießen und kurz abkühlen lassen. Dann schälen und achteln.

Die Orange dick schälen und auch die weiße Innenhaut entfernen. Mit einem scharfen Messer die Orangenfilets zwischen den Trennhäutchen herausschneiden, dabei den Saft auffangen.

Die Butter in einer Pfanne bei mäßig schwacher Temperatur zerlassen. Marmelade einrühren und den aufgefangenen Orangensaft zugießen. Die Rote-Bete-Achtel in der Orangenbutter wenden, bis sie rundum damit überzogen sind. Kräftig mit Salz und Pfeffer würzen. Zusammen mit den Orangenfilets servieren.

Als Vorspeise mit frisch geröstetem Weißbrot oder als Beilage zu knusprig gebratener Bauernente (Rezept S. 177) oder (Rezept S. 182) servieren.

familienalltag der familie herz

alltag bei familie herz: tafeln in großer runde

Wenn alle, die auf dem Bauhof lebten und arbeiteten, an einem Tisch saßen – und das war zu den drei täglichen Mahlzeiten fast immer der Fall –, wurde die Runde groß. Drei Generationen der Familie versammelten sich dann: Nanette mit ihrem Mann Hans, ihre beiden Kinder Elisabeth und Fritz und später auch deren Partner, Nanettes Eltern Anna und Konrad Stöber und Tante Kätha, die die Schweine versorgte. Hinzu kamen zwei männliche Praktikanten, in der Regel Landwirtschaftsstudenten, die auf dem Feld mithalfen, und ein oder zwei weibliche Hauswirtschaftslehrlinge, die Nanette mit all ihrer Erfahrung und ihrem Fachwissen ausbildete. Sie alle wohnten mit im Haus, waren Teil einer eingespielten Gemeinschaft, die von früh bis spät zusammen »werkelte«, aß, plauderte und feierte. Manchmal kamen noch Gäste hinzu oder Feldarbeiter, die für spezielle saisonale Arbeiten zur Unterstützung auf

*Eine vom Sturm gefällte große Eiche wird zersägt –
Nanette mittendrin, mit Familie und Nachbarn*

dem Hof waren. Oder auch die Schneiderin, die manchmal tagelang Maß nahm, absteckte und nähte.

Drei große Tische rückte man dafür unten in der Gastwirtschaft zusammen, sonst hätten gar nicht alle an die Tafel gepasst. Mit dem Frühstück ging es los, es gab Caro-Kaffee oder Nescafé, dazu Brot, Brötchen, Butter und Marmelade, damit alle gut gestärkt waren für den langen Arbeitstag.

Und immer ab elf, nach den ersten Stunden auf dem Feld oder in der Hauswirtschaft, kochte Nanette dann gemeinsam mit ihren Lehrmädchen das Mittagessen. Dreißig Hauswirtschaftslehrlinge waren es im Lauf der Jahre, die sie betreute, und Nanette pflegte einen guten Kontakt zu ihnen, brachte ihren Auszubildenden viel bei, mit Engagement und Herzblut, ohne sie zu bevormunden. Man fühlte sich wohl miteinander, manchmal wurde in der Küche sogar gesungen, und so hat sich auch niemand je über das Essen beklagt, das die Frauen Tag für Tag mit Liebe zubereiteten und auf den Tisch brachten. Oft gab es Fleisch in Hülle und Fülle, mit Kraut und Gemüse, Kartoffeln oder Klößen. Eigentlich war immer etwas übrig, denn keiner sollte darben, und Nanette schöpfte gern aus dem Vollen. Einmal pro Woche wurde aber auch eine Mehlspeise als Hauptgericht aufgetischt. »Spootzn« mit Bohnen etwa oder etwas Süßes wie Kaiserschmarrn mit Apfelmus, Zimt und Zucker oder Pfannkuchen oder Apfelbaunzer, meist nach einer kräftigen Suppe.

Fritz freute sich besonders, wenn Pichelsteiner mit Lammfleisch auf dem Speisezettel stand, Elisabeth mochte die Samstage mit »Mutters Pizza«, einer fränkischen Variante des italienischen Nationalgerichts; Nanette hatte es bei den Familienurlauben in Jesolo kennengelernt und kurzerhand zur Resteverwertung abgewandelt: Alles, was übrig war, kam auf den Teig, selbst Bratwürste, und jedes Mal schmeckte es ein bisschen anders.

Nanettes Lieblingsessen indes war Spargel, sie liebte Spargelsuppe, und wenn ihre Braten vorzüglich waren, so war ihr Spargelsalat legendär. Jeden Tag in der Saison sah man sie die weißen Stangen schälen, auch später noch, als sie bereits über achtzig Lenze zählte …

Abends traf man sich auf dem Hof dann zur deftigen Brotzeit, die Krüge fürs Feierabendbier wurden vom Regal geholt, und wer zur Stammbesetzung zählte und fest in den Familienkreis aufgenommen war, hatte einen mit seinen eigenen Initialen. Nanettes Mutter stand jeden Tag ein Liter Bockbier zu, so war es ausgemacht, und warum hätte sie darauf verzichten sollen? Aus Opas Krug durften sogar die Enkel hin und wieder einen kleinen Schluck nehmen. Es waren viele fleißige Erwachsene, die hier täglich zusammenkamen, während die Gastwirtschaft nur am Sonntagabend geöffnet hatte; vermutlich war deshalb der Bierkonsum im Eigenverbrauch lange Zeit höher als im Verkauf.

Links Hans, Elisabeth und Nanette Herz, rechts Konrad und Anna Stöber

Nanette und Sohn Fritz liefern das Mittagessen per Motorrad zu den Feldarbeitern

In einigen fränkischen Regionen nennt man den Feldsalat »Schafmäuli« – vielleicht deshalb, weil ihn die Schafe immer gern von den Feldern aßen, wenn man nicht aufpasste. Zusammen mit Sellerie und Äpfeln ist dieser Salat eine beliebte und vitaminreiche Kombination der fränkischen Winterküche.

sellerie-»schafmäuli«-salat mit bratapfel

FÜR 4 PERSONEN

300 g Knollensellerie
3 EL Zitronensaft
1 Schuss Weißweinessig
2 EL flüssiger Honig
2 EL Nussöl (z. B. Walnuss- oder Haselnussöl)
4 EL Rapsöl
Salz und Pfeffer aus der Mühle
100 g Feldsalat
40 g Walnusskerne

FÜR DIE BRATÄPFEL

4 Zweige Rosmarin
4 Äpfel
16 Scheiben Schinkenspeck
Rapsöl zum Braten

Zahnstocher zum Fixieren

Den Sellerie schälen und in feine Stifte schneiden. Die Stifte sofort mit Zitronensaft, Weißweinessig, Honig, beiden Ölen, Salz und Pfeffer in einer Schüssel mischen. 30 Minuten ziehen lassen.

Inzwischen den Feldsalat gründlich putzen, waschen und trocken schleudern. Die Walnüsse grob hacken und in einer Pfanne ohne Fett bei mittlerer Hitze goldbraun rösten. Zusammen mit dem Feldsalat beiseitestellen.

Für die Bratäpfel den Rosmarin waschen, trocken schütteln und in je 4 kleine Stücke schneiden. Die Äpfel schälen, vierteln und das Kerngehäuse entfernen. Jedes Viertel mit 1 Rosmarinzweig belegen und mit 1 Scheibe Speck umwickeln. Mit Zahnstochern feststecken.

In einer großen Pfanne etwas Öl erhitzen und die Äpfel darin bei mittlerer Hitze rundum knusprig braten. Auf Küchenpapier abtropfen lassen und die Zahnstocher entfernen.

Selleriesalat, Feldsalat und Walnüsse locker mischen. Portionsweise mit den warmen Bratäpfeln anrichten und sofort servieren.

Früher nannte man die Wurzeln etwas herablassend »Spargel der Armen« – völlig zu Unrecht. Die dem Spargel ähnelnden Schwarzwurzeln enthalten wertvolle Vitamine und Mineralstoffe und sind ein wahres »Anti-Stress-Gemüse«. Am Abend gegessen wirken sie entspannend und beruhigend und geleiten einen sanft in den Schlaf.

schwarzwurzeln mit zitronenduft

FÜR 4 PERSONEN ALS VORSPEISE ODER BEILAGE

2 Bund glatte Petersilie
1 Knoblauchzehe
3 Bio-Zitronen
3 EL Olivenöl
Salz und Pfeffer aus der Mühle
1 kg Schwarzwurzeln

Küchenreibe
Küchensieb

Die Petersilie waschen und trocken schütteln. Knoblauch schälen und fein hacken. Die Zitronen heiß abwaschen, abtrocknen und die Schale abreiben. Alles in eine große Schüssel geben und mit Öl, Salz und Pfeffer vermischen. Beiseitestellen.

Die Zitronen auspressen und den Saft in eine Schüssel mit kaltem Wasser geben.

Die Schwarzwurzeln unter fließend kaltem Wasser abbürsten, schälen und in etwa 5 cm lange Stücke schneiden. Sofort in das Zitronenwasser legen.

In einem Topf Salzwasser zum Kochen bringen und die Schwarzwurzeln darin 10 Minuten bissfest garen. In ein Sieb abgießen und kurz abtropfen lassen. Die Stücke zur Petersilien-Zitronen-Mischung in die Schüssel geben und behutsam vermengen. Warm als Vorspeise oder kalt als Salat servieren.

30.

Nun streut man ½ l Gries u. 30 g Mehl hinein und läßt es einige Minuten durchkochen. Die Masse wird auf ein mit kaltem Wasser angefeuchtetes Brett fingerdick ausgestrichen u. erkalten lassen, viereckige Stücken geschnitten u. in Butter oder Schmalz schön gelb gebacken.

Griesklöslein.

1 l Milch wird kochend gemacht, dann streut man ½ ltr Gries u. etwas Salz hinein, gibt 30 g Butter dazu u. kocht diese Masse unter stetem Rühren zu einem dicken Brei. Nimmt den Teig aus dem Topf schl sogleich 1 Ei daran, nach einer Weile wieder eins, for mit einem Löffel längliche Klößle, legt sie auf ein Br u. bäckt sie hinein in nicht zu heißem Schmalz auf beiden Seiten schön gelb u. bestreut sie dann mit Zucker u. Zimt.

Karthäuserklöse.

Von 6 Wecken schält man die Rinde ab u. schneidet je einen Wecken in 4 Teile, verrührt 2 Eier mit etwas Zucker u. ½ lit lauwarmer Milch, legt die Wecken-tei

Minute hinein u. läßt sie dann in ein Sieb ablaufen
dann kehrt man sie im gestoßenen Weckmehl um u. backt
sie in nicht zu heißem schwimmendem Schmalz u. kehrt
sie in Zucker u. Zimt um. Man gibt Weinsauce oder
gekochtes Obst dazu.

Gesottene Dampfnudeln.

1 ℔ Mehl, ein Stück zerlassene Butter, etwas Salz.
2 Eier u. für 3-5 ₰ Hefe werden mit der nötigen Milch
zu einem schönen Teig verarbeitet u. tüchtig geklopft
Wenn er gegangen ist, setzt man die Dampfnudeln
auf ein mit Mehl bestreutes Blech u. läßt sie noch
einmal gehen. In einem breiten niedrigen Topf (Kachel)
kommt zuerst ½ Glas Wasser u. ein Stück Butter
schmalz, wenn es heiß ist, eine Lage Nudeln
u. ein gutschließender Deckel darauf, der noch beschwert
werden kann, damit die Hitze zusammen bleibt.
Das Feuer muß gut reguliert sein, sonst bekommt man
angebrannte Böden, die Dampfnudeln brauchen eine
starke halbe Stunde zum Garwerden u. müssen
sogleich zu Tisch gegeben werden.

Nanette als Schlepperfahrerin

rechts Mutter Anna Stöber

Wenn das gute Brot schon etwas hart geworden war und nicht mehr zum Butterbrot taugte, schnitt Nanette es meist in Würfel und röstete es in der Pfanne an. Diese Brotsuppe wurde oft dann gekocht, wenn es galt, Reste zu verwerten.

fränkische brotsuppn

FÜR 4 PERSONEN

1 große Zwiebel
2 Knoblauchzehen
1 EL Butterschmalz
150 g Wurzelgemüse (z. B. Karotte, Knollensellerie, Petersilienwurzel)
1 ½ l Gemüsebrühe (Rezept S. 233)
6 Scheiben gutes Bauern- oder Schwarzbrot
3 EL Olivenöl (kein nativ extra)
1 säuerlicher Bio-Apfel (z. B. Boskop)
200 g geräucherte Leberwurst
Salz und Pfeffer aus der Mühle
gemahlener Kümmel
Schnittlauchröllchen und Petersilie zum Garnieren

Zwiebel und Knoblauch schälen, klein schneiden und in einem großen Topf in Butterschmalz andünsten. Das Wurzelgemüse putzen, schälen, grob raspeln und in den Topf geben. Mit Gemüsebrühe aufgießen und kochen, bis die Zutaten weich sind.

In der Zwischenzeit das Brot würfeln und in einer Pfanne in Olivenöl anrösten. Herausnehmen und beiseitestellen.

Den Apfel waschen, entkernen, mit Schale in dünne Spalten schneiden und in die heiße Brühe geben. Die geräucherte Leberwurst in Scheiben schneiden, ebenfalls zufügen und kurz warm werden lassen. Mit Salz, Pfeffer und nach Belieben etwas Kümmel abschmecken.

Die gerösteten Brotwürfel auf tiefe Teller verteilen, die Brühe mit den Apfelspalten und der Wurst daraufgeben und die Suppe mit Schnittlauch und Petersilie garniert servieren.

Nanette erntete Petersilienwurzeln aus ihrem eigenen Garten und verarbeitete sie dann gerne zu dieser Suppe. Reichhaltig wirds mit den Grießklößchen.

peterla und schwemmklöß

(petersilienwurzel-suppe mit grießklößchen)

FÜR 6–8 PERSONEN

FÜR DIE GRIESSKLÖSSCHEN

80 g Butter
120 g Hartweizengrieß
2 Bio-Eier
1 Prise Salz

2 l Fleischbrühe
4 mittelgroße Petersilienwurzeln mit Kraut

Handrührgerät

Die Butter in einer Schüssel schaumig rühren und den Grieß zugeben. Eier und Salz unterrühren und zum Quellen beiseitestellen.

Die Fleischbrühe zum Kochen bringen. In der Zwischenzeit Petersilienwurzeln und -kraut waschen und putzen. Die Wurzel nach Belieben klein schneiden oder grob raspeln. Das Petersilienkraut fein hacken.

Sobald die Suppe kocht, mit einem angefeuchteten Teelöffel vom Grießteig kleine Klößchen abstechen und einlegen. Die Petersilienwurzeln zugeben und 15 Minuten bei niedriger Temperatur ziehen lassen.

Die Suppe vor dem Servieren mit dem Petersilienkraut bestreuen.

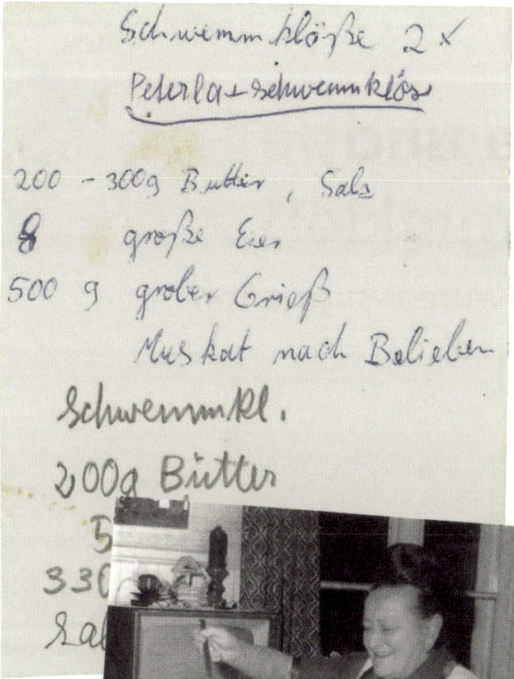

Schwemmklöße 2x

Peterla + Schwemmklös

200 - 300g Butter, Salz

8 große Eier

500 g grober Grieß

Muskat nach Belieben

Schwemmkl.

200g Butter

Mutter Anna Stöber – Herrin über die »Klößtöpf«

Jemanden, der gerne überall mitmischt, nennt man in einer fränkischen Redensart »Wie's Peterle auf allen Suppen« – wie eben die Petersilie. In dieser Suppe ist sie gleich doppelt aktiv: als Wurzel und als Würzöl.

peterlessuppe

FÜR 4 PERSONEN

1 mittelgroße Zwiebel
500 g Petersilienwurzel
2 mittelgroße Kartoffeln
2 EL Butter
100 ml Weißwein, plus etwas mehr zum Abschmecken
750 ml Fleisch- oder Gemüsebrühe (Rezept S. 233)
200 g Sahne
Salz und Pfeffer aus der Mühle

FÜR DAS WÜRZÖL

5 Stängel glatte Petersilie
2 EL Olivenöl
1 Msp. Cayennepfeffer

Pürierstab

Die Zwiebel schälen und fein hacken. Petersilienwurzel und Kartoffeln dünn schälen und fein würfeln.

Die Butter in einem großen Topf bei mittlerer Temperatur erhitzen und die Zwiebel darin glasig dünsten. Petersilienwurzel und Kartoffeln zugeben und ebenfalls 3–4 Minuten andünsten. Mit Weißwein und Brühe ablöschen. Aufkochen und etwa 10 Minuten köcheln lassen, bis das Gemüse weich ist.

Inzwischen für das Würzöl die Petersilie waschen und trocken schütteln. Die Blättchen abzupfen und sehr fein hacken. In einer kleinen Schüssel mit Öl und Cayennepfeffer verrühren.

Die Suppe mit dem Pürierstab fein pürieren. Die Sahne zugießen und untermischen. Mit Salz, Pfeffer und Wein pikant abschmecken. Die Suppe portionsweise anrichten und mit dem Würzöl beträufeln. Sofort servieren.

Spargelsuppe war einer von Nanettes Rezeptfavoriten, denn sie schmeckt einfach wunderbar – mit echtem Frankenwein natürlich noch besser!

fränkische spargelsuppe

FÜR 4–6 PERSONEN

250 g Spargel
Salz
Zucker
etwas Zitronensaft
30 g Butter
40–50 g Mehl
100 ml weißer Frankenwein
3 Bio-Eigelb
200 g Sahne

Sparschäler

Den Spargel waschen, von oben nach unten dünn schälen. Holzige Enden entfernen. Die Stangen in 2 cm lange Stücke schneiden.

In einem großen Topf 1,5 l Wasser mit 1 Prise Salz, 1 Prise Zucker und Zitronensaft aufkochen. Spargelabschnitte und -schalen zufügen, etwa 20 Minuten auskochen und dann herausnehmen. Die Spargelstücke in den Sud geben und weich kochen, anschließend durch ein Sieb abgießen und den Sud aufbewahren.

Aus Butter und Mehl eine helle Einbrenne herstellen und mit dem Spargelsud aufgießen. Einige Minuten köcheln lassen, bis die Suppe sämig wird. Wein und Spargelstücke zugeben. Die Suppe mit Salz und Zucker abschmecken. Eigelb und Sahne verquirlen und einrühren. Nicht mehr kochen lassen.

In den Monaten Mai und Juni ist Spargelzeit. Dann kann man in ganz Franken das köstliche Gemüse direkt vom Erzeuger kaufen. Frischen Spargel erkennt man an seinen hellen Schnittflächen, aus denen bei leichtem Druck Saft austritt.

Ein sättigender Klassiker, der auch mit gewürfelten Wiener Würstchen oder gerösteten Schwarzbrotwürfeln verfeinert werden kann.

kartoffelsuppe

FÜR 4 PERSONEN

4 große Kartoffeln
2 Stangen Lauch
200 g geräucherter Schweinebauch
Salz
etwas Fleischbrühe
½ TL getrockneter Majoran
200 g Sahne
Pfeffer aus der Mühle

Pürierstab

Die Kartoffeln schälen und würfeln. Den Lauch putzen, sorgfältig waschen und in Ringe schneiden. Das Bauchfleisch fein würfeln.

Einen Topf mit Salzwasser zum Kochen bringen und die Kartoffelwürfel darin weich kochen. Abgießen, dabei das Kochwasser aufbewahren und die Kartoffeln beiseitestellen.

Lauch und Speck in einen großen Topf geben und mit Fleischbrühe bedecken. Bei mittlerer Temperatur garen, bis der Lauch weich ist.

Die Kartoffeln pürieren und mit dem Kochwasser zur Lauch-Speck-Mischung geben. Bei Bedarf noch Wasser angießen, mit Majoran würzen, Sahne einrühren und mit Salz und Pfeffer abschmecken. Nicht mehr kochen lassen.

landwirtschaft auf dem *bauhof*

von den tieren des hofes und den früchten des feldes …

Lange war der Rhythmus des Lebens auf dem Bauhof geprägt von den Erfordernissen der Tierhaltung und der Feldarbeit. Da hieß es um fünf Uhr früh aufstehen, der erste Weg führte gleich in den Stall. Nach einem Kaffee um halb acht ging es dann weiter aufs Feld, mittags war den Pferden eine zweistündige Pause vergönnt, für die Frauen stand jedoch Kochen für den vielköpfigen Haushalt des Hofes auf dem Programm, und sobald die Küche wieder blitzte, »ist man direkt wieder auf den Acker«, wie Nanette Herz in einem Zeitzeugengespräch berichtete. Gegen sieben am Abend endlich zu Hause wollten die zwölf Kühe im Stall, aber auch die anderen Tiere noch einmal versorgt werden. Erst um acht oder halb neun neigte sich ein langer Arbeitstag dem Ende zu …

Schon von klein auf wuchs Nanette in diesen Alltag hinein, sie liebte die Tiere, vor allem die Pferde, liebte den Bauhof mit seinen Äckern und dem Garten, war neugierig, quirlig und lernte schnell. »Mein Vater hat mich so erzogen wie einen Buben«, sagte sie einmal. Einen Sohn gab es nicht auf dem Bauhof, und als einziger Tochter war ihr klar: All das würde einmal ihr gehören. Eine Verantwortung, die sie ganz selbstverständlich annahm. Nie scheute sie davor zurück, mit anzupacken, und daher konnte sie als junges Mädchen außer dem Bindemäher alle Geräte auf dem Hof bedienen, konnte ackern, eggen, säen und mähen, kannte sich mit dem Heuwender, Schwader und Heurechen aus – und wusste mit den Pferden umzugehen.

Drei Pferde und zwei Zuchthengste gab es zu dieser Zeit auf dem Hof, etwa zwölf Kühe, später sogar fünfzehn bis zwanzig, einen Zuchtbullen, dazu die Kälbchen. Neben acht Schweinen hielt man zudem Schafe, Gänse, Hühner, Truthähne, Enten und Tauben. Es gab alle Hände voll zu tun, darum waren damals immer zwei Knechte und zwei Mägde zur Unterstützung auf dem Hof. Der »große Knecht«, so erzählte Nanette, sei für die Pferde zuständig gewesen und der »kleine Knecht« für die Ochsen und Bullen. Die »große Magd« arbeitete im Kuhstall mit und die »kleine Magd« in der Küche. Was nicht hieß, dass nicht auch die Bäuerin immer wieder das Melken übernahm – und nicht auch die jugendliche Nanette

Rüben werden gehackt und vereinzelt; auf dem Rübenschlitten links die beiden Kinder Elisabeth und Fritzla

eine ganz besondere Verbindung zu Horn- und Federvieh hatte. Sogar den Zuchtbullen verstand sie zu bändigen, als er einmal ausbüxte.

die landwirtschaft auf dem bauhof im wandel

Später, als Nanette bereits verheiratet war und Kinder hatte, kümmerte sich ihr Vater um die Pferde, versorgte auch die Schafe und ließ die Hühner am Morgen aus dem Stall. Und schon war Tochter Elisabeth zur Stelle, um die Eier einzusammeln. Auch die Enten und Gänse waren in der Obhut der Kinder, während für die Rinder eigens ein Melker eingestellt wurde, ein sogenannter Schweizer. Der war eigentlich Schlesier, bestand darauf, seinen Dienst im Stall ganz eigenständig zu tun, ließ auch ungern jemanden hinein, und nur während seines Urlaubs musste die Familie dann wieder selbst ran. Wenn Elisabeth heute davon erzählt, ist zu spüren, wie lebhaft die Erinnerungen an diese Zeit sind. »An dem Tag, als die Kühe im Sommer das erste Mal auf die Wiese durften, da sprangen sie vor Freude … Das war so schön anzuschauen!«, sagt sie und lässt sich erneut davon berühren.

Ab 1951 hielt mit dem ersten Schlepper die Mechanisierung Einzug auf dem Bauhof, trotzdem ging es weiterhin fast jeden Tag aufs Feld. Für spezielle Tätigkeiten, die einmal im Jahr anstanden, engagierte man zusätzliche Arbeiter; sie halfen etwa beim Zuckerrüben-Vereinzeln – was nicht ohne war, wie Studenten von der WiSo Nürnberg bei einem Probelauf feststellten, galt es doch, mit beiden Händen vom »Rübenschlitten« aus die überzähligen Pflanzen herauszuziehen, lediglich im Abstand von 18 bis 25 Zentimeter sollten sie stehen bleiben. Nach zehn Minuten im Brustgurt verkündete einer der jungen Männer – Fritz Herz vermag es

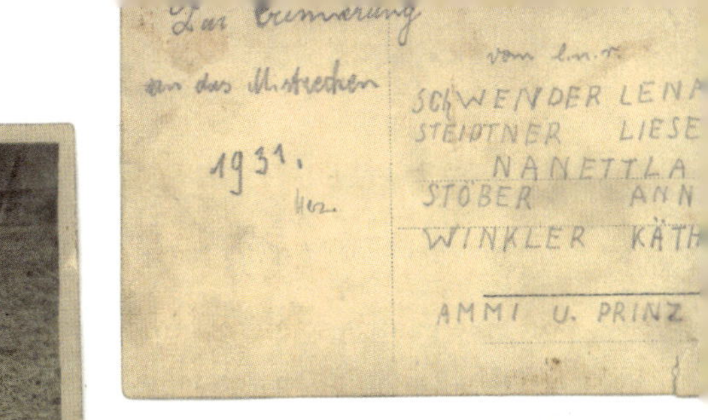

links Hans Herz, rechts Helfer

noch wörtlich zu zitieren: »Das kann ich nicht. So viele Entscheidungen innerhalb kurzer Zeit kann ich nicht treffen.«

Leicht war es nicht, als man 1965 auf dem Bauhof beschloss, künftig auf das Vieh zu verzichten, die Kühe ganz abzugeben. Der Bau eines neuen Stalles wäre nötig gewesen, und es war immer weniger rentabel, eine relativ geringe Anzahl an Tieren zu halten. Auch musste man nun keine Futterfläche mehr bereithalten und konnte sich ganz der Intensivierung des Ackerbaus widmen: Nur noch Gerste, Weizen, Zuckerrüben und Kartoffeln wurden fortan angebaut.

Diese Suppe erinnert ein wenig an Schweizer Käsesuppe – Nanette war eben reisefreudig und brachte immer wieder neue kulinarische Leckerbissen mit nach Hause.

käsesuppe

FÜR 4 PERSONEN

500 g Lauch
2 EL Butter
500 ml Fleischbrühe
125 ml weißer Frankenwein oder ein anderer Weißwein
200 g Crème fraîche
200 g Kräuterschmelzkäse
100 g geriebener Emmentaler
Salz und Pfeffer aus der Mühle
1 Prise Muskatnuss
1 Prise gemahlener Kreuzkümmel (nach Belieben)
einige Scheiben Baguette zum Servieren

Pürierstab

Die Lauchstangen waschen, putzen und in feine Ringe schneiden. Die Butter in einem Topf bei mittlerer Hitze zerlassen und den Lauch darin 3–4 Minuten andünsten. Mit Brühe aufgießen und köcheln lassen, bis der Lauch weich ist. Alles fein pürieren. Wein und Crème fraîche einrühren. Kräuterschmelzkäse und geriebenen Emmentaler zugeben und schmelzen lassen. Nicht mehr kochen!

Die Suppe mit Salz, Pfeffer, Muskat und gemahlenem Kreuzkümmel abschmecken. Mit Baguettescheiben servieren.

Dieses Süppchen ist während der ersten kühlen Tage im Herbst wunderbar wärmend.

kürbissuppe

FÜR 4–6 PERSONEN

1 kg Kürbis (z. B. Hokkaido)
1 Zwiebel
2 kleine Knoblauchzehen
2 Zweige Thymian
2 EL Butterschmalz
500 ml Gemüsebrühe (Rezept S. 233)
125 ml Weißwein
2 cm Ingwer (nach Belieben)
Salz und Pfeffer aus der Mühle
frisch gepresster Saft von 1 Zitrone
200 g Sauerrahm
Kürbiskernöl zum Servieren

Pürierstab
Handrührgerät

Den Kürbis bei Bedarf schälen (Hokkaido kann mit Schale gegessen werden), halbieren, entkernen und grob würfeln. Zwiebel und Knoblauch schälen und fein hacken. Den Thymian waschen, trocken schütteln und die Blättchen abstreifen.

Das Butterschmalz in einem großen Topf bei mittlerer Temperatur erhitzen. Kürbiswürfel, Zwiebel, Knoblauch und Thymian darin 3–4 Minuten andünsten. Brühe und Wein zugießen. Das Gemüse zugedeckt bei schwacher Hitze 15 Minuten köcheln lassen. In der Zwischenzeit den Ingwer schälen und fein reiben.

Die Suppe pürieren und mit Salz, Pfeffer, Ingwer und Zitronensaft pikant abschmecken. Kurz abkühlen lassen.

Kurz vor dem Servieren den Sauerrahm mit dem Handrührgerät unterrühren. Die Suppe portionsweise anrichten und mit einigen Tropfen Kürbiskernöl beträufeln.

Wer mag, reicht noch ein Schälchen mit frisch gerösteten Kürbiskernen zum Bestreuen dazu.

Nanette probierte in der Küche gerne auch mal etwas aus. Sie bereitete z. B. die gute alte Tomatensuppe manchmal mit zuvor gerösteten Tomaten zu. So konnten die roten Sommerfrüchte aus ihrem Garten ihr volles Aroma entfalten. Für diese Art der Zubereitung müssen die Früchte nicht makellos sein, aber reif. »Bröckeli« sind geröstete Weißbrotwürfel.

geröstete tomatensuppe mit »bröckeli«

FÜR 4 PERSONEN

1,2–1,5 kg vollreife Tomaten
3 Knoblauchzehen
2 rote Zwiebeln
Salz und Pfeffer aus der Mühle
½ TL Zucker
2 EL Balsamessig
Olivenöl zum Beträufeln
3–4 Stängel Basilikum
heiße Gemüsebrühe (bei Bedarf, Rezept S. 233)
4 EL Schmand oder Crème fraîche zum Servieren

FÜR DIE BRÖCKELI

4 Scheiben Weißbrot
1 EL Butter

Backpapier
Pürierstab

Nanette fährt den Schlepper

Den Backofen auf 170 °C vorheizen. Die Tomaten waschen und vierteln. Dabei die Stielansätze entfernen. Knoblauch und Zwiebeln schälen und grob hacken.

Alles auf einem mit Backpapier belegten Backblech verteilen. Mit Salz, Pfeffer und Zucker würzen. Mit Essig und Olivenöl beträufeln. Das Gemüse mit den Händen sorgfältig durchmischen und 20 Minuten in der Mitte des Backofens rösten.

Inzwischen für die Bröckeli das Weißbrot in 1 cm große Würfel schneiden. Die Butter in einer Pfanne erhitzen und die Brotwürfel darin goldbraun rösten. Beiseitestellen.

Die Tomaten aus dem Ofen nehmen und in einen großen Topf füllen. Das Basilikum waschen und trocken schütteln. Die Blättchen abzupfen, grob zerpflücken und unter die Tomaten heben.

Das Gemüse 1 Minute ziehen lassen, anschließend mit dem Pürierstab fein pürieren. Ist die Suppe zu dick, mit heißer Gemüsebrühe bis zur gewünschten Konsistenz verdünnen.

Die Suppe nochmals mit Salz, Pfeffer, Zucker und Essig abschmecken. In 4 Schalen füllen und auf jede Portion 1 EL Schmand setzen. Sofort mit den Bröckeli servieren.

Unumstößlicher Brauch einer jeden fränkischen Hochzeit war es, diese Suppe zu servieren. Und dies gilt auch heute noch, zumindest auf dem Land. Die Basis bildet eine Fleischbrühe, in die Pfannkuchenstreifen und verschiedene Klöße – klassisch sind Mehl- und Leberklöße – eingelegt werden.

fränkische hochzeitssuppe

FÜR 4–6 PERSONEN

1,5 l Fleischbrühe von hoher Qualität
frisch gehackte glatte Petersilie zum Garnieren

FÜR DIE SCHWIMMERLE

1 Prise Salz
2 EL Butter
75 g Mehl
2 Bio-Eier
Pflanzenfett zum Ausbacken

FÜR DIE PFANNKUCHEN

50 g griffiges Weizenmehl (z. B. Type 550 oder Spätzlemehl)
125 ml Milch
2 Bio-Eier
1 Prise Salz
1 Prise Muskatnuss
1 Handvoll gehackte Petersilie
1 Schuss Mineralwasser mit Kohlensäure
Butter zum Ausbacken

FÜR DIE LEBERKLÖSSCHEN

50 g Speck
1 Zwiebel
80 g Weißbrotscheiben
100 ml Milch
250 g Schweineleber
3 EL Butter
2 EL frisch gehackte glatte Petersilie
3 Bio-Eier
150 g Semmelbrösel
Salz und Pfeffer aus der Mühle
je 1 gute Prise Majoran, Muskatnuss und Macis

Fleischwolf

Die Fleischbrühe in einem Topf bei mittlerer Temperatur erhitzen.

Für die Schwimmerle 125 ml Wasser, Salz und Butter in einem Topf aufkochen. Das Mehl zugeben und kräftig rühren, bis sich ein Kloß bildet. Vom Herd nehmen und die Eier einzeln einarbeiten. Es soll ein geschmeidiger Teig entstehen. In einem Topf reichlich Fett auf 170 °C erhitzen. Mit zwei Teelöffeln Klößchen aus dem Teig abstechen und im heißen Fett schwimmend goldbraun ausbacken. Auf Küchenpapier abtropfen lassen.

Für die Pfannkuchen in einer Schüssel Mehl und Milch glatt verrühren. Eier, Salz, Muskat, Petersilie und Mineralwasser unterrühren. Den Teig etwa 30 Minuten ruhen lassen. Butter in einer Pfanne erhitzen, etwas Teig hineingießen, schwenken und einen möglichst dünnen Pfannkuchen backen. Auf einem Teller beiseitestellen. So fortfahren, bis der gesamte Teig aufgebraucht ist. Die Pfannkuchen auskühlen lassen und in dünne Streifen schneiden.

In der Zwischenzeit die Schwimmerle in die heiße Brühe einlegen.

Für die Leberklößchen Speck und Zwiebel fein würfeln. Die Weißbrotscheiben 5 Minuten in Milch einweichen. Anschließend mit den Händen ausdrücken. Zusammen mit der Leber durch die feine Scheibe des Fleischwolfs drehen und in einer Schüssel beiseitestellen.

In einer Pfanne 1 TL Butter erhitzen. Speck- und Zwiebelwürfel darin 2–3 Minuten andünsten und zur Lebermasse geben. Die restliche Butter hinzugeben, braun werden lassen und vom Herd nehmen. Petersilie einstreuen und ebenfalls zur Lebermasse geben. Mit Eiern, Semmelbröseln und Gewürzen zu einem glatten Teig verkneten. Mit den Händen zu 5 cm großen Klößchen formen.

Die Fleischbrühe aufkochen und die Leberklößchen einlegen. Temperatur etwas reduzieren und die Klöße 10 Minuten sieden lassen.

Zum Servieren in jeden Teller einige Schwimmerle, Pfannkuchenstreifen und Leberklößchen legen. Mit heißer Brühe übergießen, Petersilie darüberstreuen und sofort servieren.

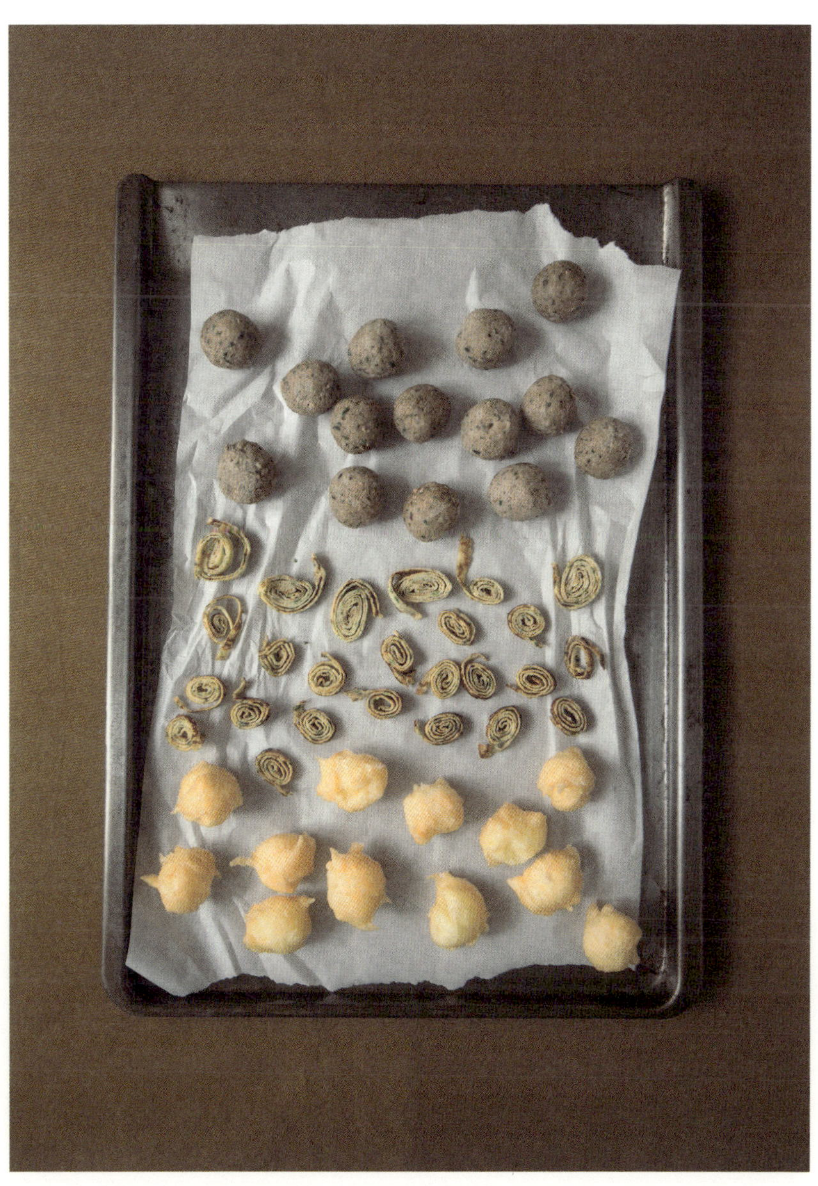

Koläruum nennt man in Mittelfranken die Kohlrabi, »Spootzn« sind kleine Mehlklößchen, die als sättigende Suppeneinlage verwendet werden. Wie die »Peterla und Schwemmklöß« (Rezept S. 52) sind sie eine klassische Kombination aus Wurzelgemüse und Knödeleinlage.

kohlrabisuppe mit spatzen

(»koläruum und spootzn«)

FÜR 4 PERSONEN

FÜR DIE SUPPE

1 l Fleischbrühe
2 mittelgroße Kohlrabi mit Blättern
Salz
1 EL Butter
1 EL Mehl
Pfeffer aus der Mühle

FÜR DIE SPATZEN

400 g Mehl
1 Prise Salz
3 Bio-Eier
375–500 ml Milch
3 gewürfelte altbackene Semmeln oder 150 g Semmelwürfel (Knödelbrot)

Die Fleischbrühe in einem Topf erhitzen.

Die Kohlrabiblätter abtrennen. Blattgrün von den Stielen lösen, Stiele entsorgen. Das Blattgrün in einem Topf mit kochendem Salzwasser blanchieren. Abgießen, kalt abschrecken und fein hacken.

Butter in einem Topf erhitzen, die Blattstreifen darin andünsten. Mit Mehl bestäuben und gut einrühren. Mit etwas Brühe ablöschen, cremig rühren und die Herdplatte abstellen.

Die Kohlrabi schälen und in etwa 2 mm dicke Scheiben schneiden. In der heißen Brühe garen. Die eingedickten Blätter einrühren und die Suppe mit Salz und Pfeffer würzen.

Für die Spatzen Mehl, Salz, Eier und Milch glatt rühren. Die Semmelwürfel unterheben. Den Teig nochmals gut durchrühren und 10 Minuten zum Quellen beiseitestellen.

Mit einem angefeuchteten Esslöffel Portionen abstechen und in die heiße Suppe einlegen. Etwa 10 Minuten ziehen lassen.

Diese gehaltvolle Suppe ist ein traditionelles Gericht aus der fränkischen Bauernküche. Mit frisch geernteten grünen Bohnen ein wahrer Gaumenschmaus.

bohnensuppe mit spatzen

FÜR 4–6 PERSONEN

FÜR DIE SPATZEN

400 g Mehl
1 Prise Salz
3 Bio-Eier
400 ml Milch
3 gewürfelte altbackene Semmeln oder 150 g Semmelwürfel (Knödelbrot)

FÜR DIE SUPPE

500 g grüne Bohnen
einige Stängel Bohnenkraut
Salz
3 EL Butter
3 EL Mehl
gekörnte Fleischbrühe

Küchensieb

Für die Spatzen Mehl, Salz, Eier und Milch glatt rühren. Die Semmelwürfel unterheben und 10 Minuten zum Quellen beiseitestellen.

Für die Suppe die Bohnen putzen, waschen und in Stücke brechen. Das Bohnenkraut waschen und trocken schütteln. Beides in einen Topf geben, mit Wasser bedecken, salzen und aufkochen. Die Bohnen bei mittlerer Hitze weich kochen lassen. In ein Sieb abgießen, dabei das Kochwasser auffangen.

Die Butter im Topf erhitzen. Das Mehl einstreuen und unter Rühren goldbraun rösten. Unter ständigem Rühren so viel Kochwasser zugießen, bis die gewünschte Menge Suppe erreicht ist. Alles aufkochen und mit gekörnter Brühe und Salz abschmecken.

Vom Spatzenteig mit einem angefeuchteten Esslöffel kleine Portionen abstechen und in die heiße Suppe legen. 10 Minuten gar ziehen lassen. Die gekochten Bohnen unter die Suppe heben und servieren.

gemüse & vegetarisch

Die Zutaten für Nanettes Gemüsegerichte kamen vorwiegend aus den eigenen Gemüsebeeten, und davon hatte sie zahlreiche! Die Wurzeln, Knollen, Stauden und sonstigen Gewächse wurden von ihr und ihren Lehrlingen mit viel Liebe gesät, gepflegt und geerntet. Der Garten war das Jahr über Nanettes Rückzugsort, ihr Ein und Alles, und er war so groß, dass er eine Großfamilie ernähren konnte. Emsig weckte sie Ernteüberschüsse ein oder verarbeitete die Früchte des Bodens sogleich zu schmackhaften Gerichten. Klassiker waren »Himmel und Erde«, Lauchstrudel, Zwiebelblootz oder Risotto Rosso mit Roter Bete – ein »Mitbringsel« von ihren Reisen nach Italien.

Auf ihren zahlreichen Italienreisen lernte Nanette auch die Küche des Südens kennen und lieben und brachte immer wieder neue Rezeptideen mit, denen sie dann in ihrer Küche eine fränkische Note gab. Dieser gehaltvolle Risotto mit Roter Bete und Birnen passt so richtig in den Herbst. Eigentlich ist er ein eigenständiges Hauptgericht, man kann ihn in kleineren Portionen jedoch auch als Vorspeise oder Beilage servieren.

risotto rosso

FÜR 4 PERSONEN

150 g Zwiebeln
2 EL Olivenöl
300 g Risottoreis (z. B. Arborio)
150 ml trockener Weißwein
1 l heiße Gemüsebrühe (Rezept S. 233)
300 g gekochte Rote Bete
250 g kleine Birnen
1 Knoblauchzehe
40 g geriebener Parmesan
20 g Butter
Salz und Pfeffer aus der Mühle

Knoblauchpresse

Die Zwiebeln schälen und fein würfeln. Das Öl in einem Topf erhitzen und die Zwiebeln darin glasig dünsten. Den Reis einstreuen und unter Rühren 2 Minuten mitdünsten.

Mit dem Wein ablöschen und einkochen lassen. Die heiße Brühe in Portionen zugießen. Dabei den Reis immer nur bedecken und beständig rühren. Sobald der Reis die Flüssigkeit aufgenommen hat, wieder etwas Brühe zugeben. Den Vorgang 15–20 Minuten unter ständigem Rühren fortführen, bis der Reis weich, aber noch bissfest ist.

Die Rote Bete in Würfel schneiden und unter den Reis rühren. Die Birnen schälen, vierteln und das Kerngehäuse entfernen. Dann die Viertel in schmale Spalten schneiden und unter den Risotto heben. Kurz darin ziehen lassen.

Den Knoblauch schälen und zum Risotto pressen. Geriebenen Parmesan und Butter unterrühren. Risotto mit Salz und Pfeffer abschmecken und sofort servieren.

Dieses farbenfrohe Gemüse ist schnell zubereitet und schmeckt einfach immer. »Gelbe Rüben« ist die vor allem in Süddeutschland gängige Bezeichnung für Karotten, und auch Nanette nannte sie so.

mangold mit gelben rüben

FÜR 4–6 PERSONEN ALS BEILAGE

1 kg Mangold
500 g Karotten
2 EL Butter
1 Knoblauchzehe
2 TL Currypulver
Salz und Pfeffer aus der Mühle
250 g Sahne
1 EL Weißweinessig
1 Prise Zucker

Die Mangoldblätter abtrennen, putzen, waschen und trocken schütteln. Blätter grob zerteilen und die Stiele zuerst längs halbieren, dann in 3 cm lange Stücke schneiden. Die Karotten schälen und schräg in Scheiben schneiden.

Butter in einem großen Topf erhitzen. Mangoldstiele und Karotten darin 3 Minuten andünsten. Den Knoblauch schälen und dazupressen. Die Mangoldblätter zugeben und das Gemüse mit Currypulver, Salz und Pfeffer würzen. Bei Bedarf etwas Wasser angießen und zugedeckt 6–8 Minuten weiterdünsten.

Sahne, Essig und Zucker in das Gemüse rühren und etwa 5 Minuten einkochen lassen.

Dazu serviert man am besten Fleischküchle (Rezept S. 166), Bratwürste, Kurzgebratenes aus der Pfanne oder Braten.

Diese würzige Spezialität aus dem Alpenraum ist cremig und würzig zugleich – auch Nanette schätzte diese Kombination und verarbeitete meist Spätzle- und Käsereste vom Vortag in diesem Gericht. Der Spätzleteig in diesem Rezept kann auch als separate Beilage zu Fleisch- und Bratengerichten zubereitet werden. Auch mehrere Käsesorten machen sich gut in diesem Rezept.

käsespätzle

FÜR 4 PERSONEN

FÜR DEN SPÄTZLETEIG

Salz
500 g Mehl
1 EL Öl
6 Bio-Eier

300 g Bergkäse (z. B. Emmentaler, Appenzeller oder Greyerzer) oder ein anderer würziger Käse
3 große Zwiebeln
etwas Butter

Handrührgerät
Spätzlehobel
Küchenreibe

In einem Topf ausreichend Salzwasser zum Kochen bringen. Aus Mehl, Öl, 3 TL Salz, Eiern und 250 ml Wasser mit den Knethaken des Handrührgeräts einen zähflüssigen Teig herstellen.

Den Teig löffelweise durch den Spätzlehobel oder von einem Brett portionsweise in das kochende Wasser schaben. Sobald die Spätzle an der Oberfläche schwimmen, mit einem Schaumlöffel herausheben und in eine Servierschüssel geben. Den Bergkäse fein über die Spätzle reiben und gut vermengen.

Die Zwiebeln schälen, in Ringe schneiden und in etwas Butter goldbraun rösten. Auf die Spätzle geben und servieren.

Dazu passt ganz wunderbar grüner Salat.

Wenn im Winter wieder Wurzelgemüse Saison hat, kam dieses Gericht häufig auf den Tisch. Entweder als Hauptgericht oder als Beilage zu Fleisch servieren.

schwarzwurzel-kartoffel-kasserolle

FÜR 4 PERSONEN

900 g Schwarzwurzeln
etwas Apfelessig
700 g Kartoffeln
1 walnussgroßes Stück frischer Ingwer
1 Zitrone
¾–1 l Gemüsebrühe (Rezept S. 233)
1–2 TL schwarze Pfefferkörner
1 Bund Petersilie
40 g Butter
3–4 TL Dinkelvollkornmehl
80 g Walnusskerne
Kräutersalz
Pfeffer aus der Mühle
100 g Emmentaler in Scheiben
frisch gemahlener roter Pfeffer

Kasserolle

Die Schwarzwurzeln schälen, grob hacken und sofort in eine Schüssel mit Essigwasser legen. Kartoffeln schälen, grob würfeln und zu den Schwarzwurzeln geben. Ingwer schälen und klein würfeln. Die Zitrone auspressen.

Gemüsebrühe mit Ingwer, 1 EL Zitronensaft und Pfefferkörnern in einer Kasserolle zum Kochen bringen. Schwarzwurzeln und Kartoffeln abgießen, hinzufügen und abgedeckt etwa 20 Minuten köcheln.

Die Petersilie waschen, trocken schütteln, fein hacken und unter das Gemüse mischen. Butter zerlassen und das Mehl darin anschwitzen. Mit reichlich Brühe aus dem Topf aufgießen und mit dem Schneebesen glatt rühren. Die Mehlschwitze unter das Gemüse heben.

Die Walnusskerne in einer Pfanne ohne Fett rösten, bis sie duften, dann ebenfalls hinzufügen. Mit Salz, Pfeffer und Zitronensaft pikant abschmecken. Den Backofengrill auf 250 °C stellen. Die Käsescheiben auf dem Gemüse verteilen und die Kasserolle direkt unter dem Grill einschieben.

Den Käse etwa 5 Minuten schmelzen lassen, dann alles mit rotem Pfeffer bestäuben und das Schwarzwurzel-Kartoffel-Gemüse aus der Kasserolle heraus servieren.

der *bauhof*-garten

von sellerie bis erdbeereis ...

Was für den Bauhof im Großen galt, galt für den Garten auf der gegenüberliegenden Straßenseite im Kleinen: Er war Nanettes Reich. Seine Kultivierung fiel ganz in ihre Zuständigkeit – ebenso wie die fachkundige Verarbeitung und Lagerung der Früchte dieser ertragreichen Arbeit. Verschiedenste Gemüsesorten baute sie hier an, von Spinat über Erbsen, Kohlrabi und Rhabarber bis hin zu Gurken und Tomaten, und das zum Teil in beträchtlichen Mengen. Auch all die Jahre nach ihrer Meisterprüfung im Bereich Hauswirtschaft war Nanette Herz immer auf dem neuesten Stand, blieb durch Fortbildungen zum Einmachen, Eindosen oder Einfrieren auf dem Laufenden, was die Techniken der Lebensmittelverarbeitung und der Vorratshaltung anbelangte. Letztere war stets üppig auf dem Bauhof. So wurden Bohnen, Sellerie oder Gelbe Rüben nicht nur frisch zubereitet, sondern auch in großen Mengen eingeweckt, um an der Familientafel oder im Gasthaus dann als Salat zu Braten und Karpfen wieder auf den Tisch zu kommen. Und weil es schon früh eine riesige Gefriertruhe im Bauhof gab, nutzte man hier bald auch diese ebenso praktische wie nährstoff- und vitaminschonende Möglichkeit zur Haltbarmachung der selbst erzeugten Lebensmittel.

Auch das frische Obst, die Kirschen, Äpfel, Birnen, Zwetschgen, Himbeeren und Johannisbeeren, verarbeitete Nanette gemeinsam mit ihren Lehrlingen in vielfältiger Weise, sei es zu köstlichen Süßspeisen, zu Kuchen, Kompott oder Marmelade. Nicht zu vergessen die Erdbeeren! Etwa ein Drittel des großen Gartens nahmen die Beete für die süßen roten Früchte ein, und wenn Nanette im Mai ihre Eismaschine in Betrieb nahm, ihr beliebtes Erdbeereis machte und großzügig verteilte, sprach sich das rasch unter den Nachbarskindern herum. So schnell konnte man gar nicht schauen, wie sie herbeigelaufen kamen, um sich ihre Portion zu sichern …

»Ziehschwester« Gudrun, Nanette und ein Gastkind

Nanettes Mutter Anna bei der Blumenpflege im Bauhof-Garten

Das Anbaugebiet des Knoblauchslands zwischen dem Städtedreieck Nürnberg, Fürth und Erlangen hat eine lange Tradition. Hier wurden schon vor Hunderten von Jahren vor allem Kartoffeln, Kohl, Rettich und Spargel angebaut. Auch Knoblauchsländer Lauch soll sehr wohlschmeckend sein.

knoblauchsländer lauchstrudel

FÜR 4 PERSONEN

FÜR DEN STRUDELTEIG (ALTERNATIV 1 ROLLE FERTIGER STRUDELTEIG AUS DEM KÜHLREGAL)

250 g Dinkelmehl, plus etwas mehr zum Arbeiten
1 Prise Salz
1 Bio-Ei
1 EL Sonnenblumenöl, plus etwas mehr zum Bestreichen

FÜR DIE FÜLLUNG

1,2 kg Lauch
2 gekochte Kartoffeln vom Vortag
3 Knoblauchzehen
250 g gekochter Schinken
200 g Räucherkäse
1 Bund Majoran
100 g Walnusskerne
100 g Schmand
Salz und Pfeffer aus der Mühle
frisch geriebene Muskatnuss
einige Stängel Oregano zum Servieren

Handrührgerät
Backpapier

Für den Strudelteig in einer Rührschüssel Mehl, Salz, Ei und Öl sowie 100 ml lauwarmes Wasser mit dem Handrührgerät (Knethaken) auf niedriger Stufe vermengen, dann auf höchster Stufe zu einem glatten Teig verarbeiten.

Einen kleinen Topf leicht erwärmen. Den Teig auf Backpapier in den Topf geben und abgedeckt 30 Minuten ruhen lassen.

Inzwischen für die Füllung den Lauch putzen, der Länge nach aufschneiden und unter fließendem Wasser gründlich waschen. Die weißen bis hellgrünen Teile in schmale Streifen schneiden.

Kartoffeln und Knoblauch schälen und klein würfeln. Schinken und Räucherkäse in kleine Stücke schneiden. Den Majoran waschen, trocken schütteln und die Blättchen fein hacken. Die Walnusskerne grob zerkleinern und in einer Pfanne ohne Fett rösten, bis sie duften. Alle Zutaten in einer Schüssel miteinander vermengen. Den Schmand unter die Lauchmischung rühren und mit Salz, Pfeffer und Muskatnuss abschmecken.

Den Backofen auf 180 °C vorheizen. Nun den Strudelteig auf einem bemehlten, sauberen Geschirrtuch dünn ausrollen und die Füllung auf dem Teig verteilen. Den Strudel mithilfe des Tuchs aufrollen und die Teigenden etwas einschlagen. Vorsichtig auf ein mit Backpapier ausgelegtes Backblech gleiten lassen und dünn mit Öl bestreichen.

Den Strudel auf mittlerer Ebene in den Ofen schieben und 40–50 Minuten backen. Sollte er zu schnell bräunen, einfach mit Backpapier abdecken.

Den Lauchstrudel auf eine vorgewärmte Platte gleiten lassen und mit Oreganostängeln garnieren. Dazu schmeckt ein grüner Blattsalat.

Nanette liebte Spargel! Sobald das edle, weiße Gemüse Saison hatte, kaufte sie es kiloweise ein und stand schälend in der Küche. Auch diesen Klassiker kochte sie oft, wenn auch nicht so häufig wie ihre Favoriten Spargelsalat (Rezept S. 31) und Spargelsuppe (Rezept S. 56).

spargelgemüse

FÜR 3–4 PERSONEN

1–1 ½ kg Spargel
Salz
1 Prise Zucker
150 g roher Schinken
150 g gekochter Schinken

FÜR DIE SAUCE

30 g Butter
2 EL Mehl
375 ml Spargelwasser
1–2 Bio-Eigelb
Sahne
Zitronensaft
Salz und Pfeffer aus der Mühle

Sparschäler

Den Spargel schälen, dabei die holzigen Enden entfernen. Die Spargelstangen bündeln und in reichlich kochendes Salzwasser mit etwas Zucker geben. Je nach Dicke etwa 15–30 Minuten garen. Sie müssen sich mühelos mit einer Gabel durchstechen lassen, dürfen aber nicht zerfallen. Anschließend vorsichtig herausnehmen und abtropfen lassen.

Mit dem Schinken auf einer Platte anrichten.

Aus Butter, Mehl und Spargelwasser eine helle Sauce bereiten. Mit Eigelb und Sahne legieren, mit Zitronensaft, Salz und Pfeffer würzen. Die Sauce zum Spargel reichen.

Dazu schmecken am besten Salzkartoffeln.

Diese interessante Geschmackskomposition ist ein traditionelles mittelfränkisches Bauernessen. »Himmel« steht hier stellvertretend für Birnen und »Erde« für Kartoffeln (mittelfränkisch »Ebbiern«, Erdbirnen).

»himmel und erde«

FÜR 4 PERSONEN

FÜR DAS BIRNENKOMPOTT

1 kg reife Birnen
60 g Zucker
frisch gepresster Saft von 1 Zitrone
1 Zimtstange

FÜR DEN KARTOFFELBREI

1 kg Kartoffeln
Salz
250–375 ml Milch
1 Prise Muskatnuss
Butterflöckchen oder geröstete Zwiebelringe

Kartoffelpresse
Handrührgerät

Die Birnen schälen, vierteln und das Kerngehäuse entfernen. In einem Topf 500 ml Wasser, Zucker, Zitronensaft und Zimtstange mischen. Zum Kochen bringen und die Birnen darin (nicht zu) weich kochen.

Für den Kartoffelbrei die Kartoffeln schälen, vierteln und in Salzwasser gar kochen.

Die Milch zum Kochen bringen und die Kartoffeln noch warm durch die Kartoffelpresse in eine Schüssel drücken. Mit der kochenden Milch schaumig rühren. Mit Salz und etwas gemahlener Muskatnuss würzen. Nach Belieben mit Butterflöckchen oder mit in Butter gerösteten Zwiebelringen belegen.

Birnenkompott und Kartoffelbrei (mittelfränkisch »Stopfer«) zusammen servieren.

Dieser Auflauf ist sehr einfach gemacht und schmeckt entweder als Hauptgericht mit Blattsalat oder auch als Beilage zu einem Fleischgericht.

kartoffel-zucchini-auflauf

FÜR 4 PERSONEN

500 g Kartoffeln
500 g Zucchini
Fett für die Form
4 Knoblauchzehen
400 g Sahne
Salz und Pfeffer aus der Mühle
100 g Emmentaler
einige Butterflöckchen

Auflaufform

Die Kartoffeln ungeschält gar kochen, pellen und in Scheiben schneiden. Die Zucchini waschen, putzen und ebenfalls in Scheiben schneiden. Den Backofen auf 200 °C vorheizen. Eine Auflaufform fetten.

Kartoffel- und Zucchinischeiben abwechselnd dachziegelartig in die Form schichten.

Den Knoblauch schälen, durchpressen und mit der Sahne verrühren. Mit Salz und Pfeffer würzen. Die Sahnemischung über das Gemüse gießen.

Den Emmentaler reiben und gleichmäßig auf das Gemüse streuen. Den Auflauf mit Butterflöckchen belegen und im heißen Backofen mittig 20–25 Minuten backen.

Dazu passt ein bunter Gartensalat.

Auberginen und Zucchini wuchsen zwar nicht in Nanettes Garten, aber sie probierte auch gerne »exotische« Zutaten aus. Sie reiste nach ihrer Zeit als aktive Kreisbäuerin auch in zahlreiche Länder. Dieses Gericht erinnert ein wenig an die nahöstliche Küche.

auberginen-zucchini-gratin mit linsen

FÜR 4 PERSONEN

250 g getrocknete rote Linsen
500 ml Gemüsebrühe (Rezept S. 233)
1 EL Butter, plus etwas mehr für die Form
2 Zucchini
1 Aubergine
Salz und Pfeffer aus der Mühle
1 Knoblauchzehe
100 g saure Sahne
1 EL Weinessig
½ Handvoll gehackte Petersilie
60 g geriebener Emmentaler

Auflaufform

Die Linsen nach Packungsanweisung entweder erst einweichen oder gleich in der Gemüsebrühe garen. Den Backofen auf 200 °C vorheizen. Die Auflaufform fetten.

Zucchini und Aubergine waschen, putzen und würfeln. In einer großen Pfanne in der Butter 10 Minuten anbraten und mit Salz und Pfeffer würzen. Abgetropfte Linsen und Gemüse in der Form verteilen.

Den Knoblauch schälen und fein hacken. Mit saurer Sahne, Essig, Petersilie, Salz und Pfeffer vermengen und über die Linsen-Gemüse-Mischung gießen. Mit Käse bestreuen und 15–20 Minuten im Ofen überbacken.

Ein frischer Blattsalat ist perfekt zu diesem Gericht.

Einige Meter die Straße hinunter auf dem Feld hatte Familie Herz einen großen Kartoffelacker mit wohlschmeckenden gelben Kartoffeln. Das Cadolzburger Kartoffelgratin darf aber natürlich auch mit »ortsfremden« Kartoffeln gekocht werden.

cadolzburger kartoffelgratin

FÜR 4 PERSONEN

200 g Crème fraîche
200 g Sauerrahm
400 ml Fleischbrühe
1 kg mittelgroße Kartoffeln
1 Zweig Rosmarin
5 Scheiben Toastbrot
50 g Butter
100 g Schinkenwürfel

Auflaufform

Den Backofen auf 200 °C vorheizen. Crème fraîche, Sauerrahm und Brühe verrühren und in eine Auflaufform gießen.

Die Kartoffeln gut waschen, dann mehrfach mit 2 mm Abstand einschneiden, aber nicht ganz durchschneiden. Mit der eingeschnittenen Seite nach oben nebeneinander in die Form setzen und 45 Minuten im Ofen backen, bis sie fast gar sind.

Den Rosmarin waschen, trocken schütteln, die Nadeln abzupfen und hacken. Das Toastbrot in Würfel schneiden. Die Butter in einer Pfanne zerlassen und Rosmarin sowie Brot- und Schinkenwürfel kurz darin anrösten. Die Mischung auf den Kartoffeln verteilen und im Ofen garen, bis die Brotwürfel goldbraun sind.

Wenn im Herbst Federweißer (Traubenmost, der gerade erst zu gären begonnen hat) ausgeschenkt wird, gibt es häufig auch frisch gebackenen Zwiebelblootz. So war das natürlich auch am Bauhof. Früher wurde er häufig mit Brotteig zubereitet, damit schmeckt der Kuchen noch herzhafter. Dazu am besten den Bäcker des Vertrauens befragen.

zwiebelblootz

(zwiebelkuchen)

ERGIBT 20 STÜCKE

500 g Weizenmehl (Type 1050)
½ Würfel Hefe (25 g)
250 ml lauwarme Milch
1 TL Zucker
1 TL Salz
Fett für das Backblech

FÜR DEN BELAG

750 g Zwiebeln
150 g durchwachsener geräucherter Schweinebauch
250 g Sauerrahm
2 Bio-Eier
Salz
Kümmelsamen

Mehlsieb

Das Mehl in eine Schüssel sieben und eine Mulde hineindrücken. Die Hefe in der Milch auflösen. In die Mulde gießen und mit etwas Mehl zu einem Vorteig verrühren. Den Vorteig abgedeckt an einem warmen Ort 15 Minuten gehen lassen.

Zucker und Salz zum Vorteig geben und alles zu einem glatten Teig verkneten. Den Teig nochmals abgedeckt 30 Minuten gehen lassen.

Für den Belag die Zwiebeln schälen und in Ringe schneiden. Den Schweinebauch fein würfeln und in einer großen Pfanne ohne Fett anbraten. Die Zwiebeln zugeben und glasig dünsten. Vom Herd nehmen und etwas abkühlen lassen.

Ein Backblech ausfetten und den Teig darauf ausrollen. Sauerrahm und Eier verquirlen und kräftig mit Salz und Kümmelsamen würzen. Die gebratenen Speckzwiebeln unterheben und den Belag gleichmäßig auf dem Teig verteilen. Nochmals einige Minuten gehen lassen.

Inzwischen den Backofen auf 200 °C vorheizen. Den Zwiebelkuchen in der Ofenmitte 20–30 Minuten backen. Warm servieren.

Ganz klassisch Federweißen dazureichen, aber ein Schoppen Weißwein passt auch.

Frisch und sommerlich – genau richtig für heiße Tage. Das Gemüse schmeckt jedoch genauso gut mit Zucchini.

gurkengemüse

FÜR 4 PERSONEN ALS BEILAGE

- 1 kg Gurken
- 3 EL Butter oder Pflanzenöl
- Salz und Pfeffer aus der Mühle
- 1 EL Zitronensaft
- 4 EL Schmand oder saure Sahne
- 1 EL frisch gehackter Dill
- 1 EL frisch gehackte Petersilie

Die Gurken schälen und beide Enden abschneiden. Längs halbieren und das Kerngehäuse mit einem Löffel herausschaben. Die Hälften in 3–4 cm breite Stücke schneiden.

Die Butter in einem Topf bei mittlerer Temperatur erhitzen und die Gurkenstücke darin andünsten. Salzen, pfeffern und zugedeckt bei schwacher Hitze 10 Minuten bissfest garen.

Zitronensaft, Schmand und die Kräuter unter das Gemüse rühren. Nochmals abschmecken.

Bratwürste, Fleischküchle (Frikadellen, S. 166), kurz gebratenes Fleisch oder Fischfilet dazureichen.

Eigentlich ist das geschmorte Winter-Wurzelgemüse ja eine Beilage. Mit knusprigen Bratkartoffeln oder bissfest gegarten Bandnudeln kann man es jedoch auch als eigenständiges Gericht servieren.

ofengemüse

FÜR 4 PERSONEN ALS BEILAGE

1 rote Zwiebel
200 g Karotten
200 g Steckrüben
200 g Petersilienwurzel
200 g Knollensellerie
1 Zweig Thymian
1 Zweig Rosmarin
3 EL Olivenöl
125 ml Rotwein
125 ml kräftige Gemüsebrühe (Rezept S. 233)
Salz und Pfeffer aus der Mühle
Zucker
1 Stück Butter

Schmortopf

Die Zwiebel schälen, halbieren und in dünne Scheiben schneiden. Das Wurzelgemüse schälen und in 1–2 cm große Würfel schneiden. Thymian und Rosmarin waschen und trocken schütteln.

Den Backofen auf 200 °C vorheizen.

Das Öl in einem ofenfesten Topf erhitzen. Die Zwiebel darin glasig dünsten. Gemüsewürfel, Thymian- und Rosmarinzweige zugeben und unter Rühren einige Minuten anbraten. Mit Wein und Brühe ablöschen. Mit Salz, Pfeffer und Zucker abschmecken.

Den Topf abdecken und das Gemüse in der Ofenmitte 20–25 Minuten garen. Die Butter einrühren und nochmals mit Salz und Pfeffer abschmecken.

Kurz gebratenes Fleisch oder Braten (z. B. Schweinebraten, S. 152) dazureichen; wer mag, auch Bratkartoffeln.

Wenn die Zucchini im Garten des Bauhofs im Überfluss wuchsen, bereitete Nanette oft dieses frische sommerliche Zucchinigemüse zu – genau richtig für heiße Tage.

zucchinigemüse

FÜR 4 PERSONEN

1 kg Zucchini
3 EL Butter oder Pflanzenöl
Salz und Pfeffer aus der Mühle
1 EL frisch gepresster Zitronensaft
4 EL Schmand oder saure Sahne
1 EL frisch gehackter Dill
1 EL frisch gehackte Petersilie

Die Zucchini schälen und beide Enden abschneiden. Längs halbieren und die Kerne mit einem Löffel herausschaben. Die Hälften in 3–4 cm breite Stücke schneiden.

Die Butter in einem Topf erhitzen und die Zucchini darin andünsten. Salzen, pfeffern und zugedeckt bei schwacher Hitze in etwa 10 Minuten bissfest garen.

Zitronensaft, Schmand und die Kräuter unter das Gemüse rühren und nochmals abschmecken.

Bratwürste, Fleischküchle (Frikadellen, S. 166), kurz gebratenes Fleisch oder Fischfilet schmecken am besten dazu.

Hat man den Kürbis zerteilt, ist man bei diesem Gericht auch fast schon fertig mit dem Kochen. Hokkaido-Kürbisse brauchen nicht geschält zu werden, bei Butternut- oder Muskatkürbissen ist die Schale zu hart.

kürbis aus dem ofen

FÜR 4 PERSONEN

1 Hokkaido-Kürbis (etwa 1 kg Nettogewicht)
Salz und Pfeffer aus der Mühle
3–4 Orangen
1 Bio-Zitrone
1 Bund Petersilie
1 Knoblauchzehe
2 EL Öl

Zitruspresse
große Auflaufform

Den Kürbis waschen, halbieren und mit einem Löffel das Kerngehäuse ausschaben. Die Hälften in Spalten schneiden und diese quer halbieren. Die Kürbisstücke in einer großen Auflaufform verteilen und mit Salz und Pfeffer würzen.

Den Backofen auf 200 °C vorheizen.

Orangen auspressen und 500 ml Saft abmessen. Die Zitrone heiß abwaschen und abtrocknen. Die Schale dünn abreiben und die Frucht auspressen. Petersilie waschen und trocken schütteln. Die Blättchen abzupfen und fein hacken. Den Knoblauch schälen und fein hacken.

Orangensaft, Zitronenschale und -saft, Petersilie, Knoblauch und Öl verrühren. Über die Kürbisstücke gießen. In der Backofenmitte 30 Minuten garen.

Mit Spaghetti ist es ein Hauptgericht, mit einem Klecks Crème fraîche eine Vorspeise oder pur eine Beilage zu gebratenem Fleisch.

Nanette (2. v. l.) als Prüferin für Lehrlinge im Fach »Gartenbewirtschaftung«

Der Porree (Lauch) ist das mildeste Mitglied der Zwiebelfamilie. Als Gemüse hat er einen Stammplatz in der fränkischen Herbst- und Winterküche und landete dann bei Nanette regelmäßig im Kochtopf.

nanettes porreegemüse

FÜR 4 PERSONEN ALS BEILAGE

4–5 dicke Stangen Lauch (etwa 1 kg)
250 g durchwachsener geräucherter Schweinebauch
3 EL Mehl
Salz
1 Schuss Sahne oder Milch

Den Lauch putzen, gründlich waschen und in Ringe schneiden. Den Schweinebauch fein würfeln.

Die Lauchringe in einen Topf geben und halbhoch Wasser angießen. Aufkochen und bei mittlerer Hitze 10–15 Minuten bissfest garen. Abgießen und dabei 300 ml Kochsud auffangen.

Die Speckwürfel in einem Topf ohne Fett knusprig braten. Das Mehl darüberstäuben und braun anrösten. Den Lauch-Kochsud angießen, gut verrühren und köcheln lassen, bis die Sauce bindet. Den Lauch unterheben und mit Salz abschmecken. Die Sahne unterrühren und servieren.

Mehlklöße (Rezept S. 236), Fleischküchle (Frikadellen, S. 166) oder Bratwürste dazuservieren.

Zur Erinnerung 1934
Großvater Hacker
Eltern Konrad u. Anna Stöber
Tochter Nanette

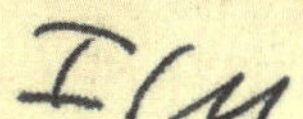

Anna Stöber, Friedrich Hacker (Nanettes Großvater), »Nanettla« (7 Jahre), Konrad Stöber (v. l.)

Wirsing und Meerrettich sind in der Landküche ein sehr harmonisches Paar und waren auch in Nanettes Wirtshausküche gern gesehene Gäste.

wirsinggemüse mit meerrettich

FÜR 4 PERSONEN ALS BEILAGE

500 g Wirsing (etwa 1 Kopf)
Salz
200 g Sahne
2 EL Sahnemeerrettich (aus dem Glas)
40 g kalte Butter
Pfeffer aus der Mühle
frisch geriebene Muskatnuss

Küchensieb

Die äußeren Blätter des Wirsings entfernen, den Strunk herausschneiden und den Kopf in einzelne Blätter teilen. Blätter halbieren, die dicken Blattrippen entfernen und die Blätter waschen.

In kochendem Salzwasser 4–5 Minuten bissfest garen. In ein Sieb abgießen, kalt abschrecken und abtropfen lassen. Den Wirsing gut ausdrücken und klein schneiden.

Wirsing und die Hälfte der Sahne in einem Topf erhitzen. Die restliche Sahne mit dem Meerrettich verquirlen. Meerrettichsahne und Butter in den Wirsing rühren. Das Gemüse mit Salz, Pfeffer und Muskat abschmecken. Sofort servieren.

Schäufele (Rezept S. 157) oder Gänsebraten und Kartoffelklöße »halb und halb« (Rezept S. 237) dazureichen.

BAUHOF CADOLZBURG

Wir laden herzlich ein zur

FISCH- UND GANSPARTIE

Donnerstag und Freitag abends, Samstag und Sonntag mittags und abends

vom 1. *Oktober*
bis 4. *Oktober*

FAMILIEN STÖBER-HERZ

fisch & fleisch

Eines kann man mit Fug und Recht behaupten: Die fränkische Küche ist traditionell deftig; das bedeutet in erster Linie viel Fleisch! Doch wenn es Fleisch im »Bauhof« gab (fast täglich), dann stammte es vorwiegend von den eigenen Tieren, die im Hinterhof geschlachtet wurden. So wusste man immer, woher das Fleisch für den Rinderbraten oder das Schweinekotelett kam und wie das Tier aufgewachsen war. Es wurde stets das ganze Tier verarbeitet und kaum etwas entsorgt: Die traditionelle »Schlachtschüssel«, die nach dem Schlachten für Gäste und Nachbarn veranstaltet wurde, enthielt Blut- und Leberwürste, Kesselfleisch, Bratwürste und bisweilen auch Schweinsohren und -rüssel.

Fisch gab es nicht ganz so oft am »Bauhof«, und wenn, dann kam er meist direkt aus den eigenen Weihern: Der fränkische Karpfen ist eine Delikatesse, und die Familie Herz bewirtschaftete eigene Karpfenteiche, die der Großvater zusammen mit tatkräftigen Helfern zur einmal im Jahr stattfindenden »Fischpartie« abfischte.

Schon die Mönche des frühen Mittelalters etablierten die Karpfenzucht in Franken, und seither ist er von den Speisekarten nicht mehr wegzudenken. In fast jedem fränkischen Wirtshaus gibt es zur Karpfenzeit (alle Monate des Jahres, die auf »r« enden) die sogenannte »Karpfenpartie«, während der an einem oder mehreren Wochenenden altbewährte Karpfengerichte auf den Tellern landen. Karpfen gilt mittlerweile als einziger nachhaltiger Speisefisch aus deutschen Gewässern.

gebackener karpfen nach fränkischer art

FÜR 4 PERSONEN

- 2 küchenfertige, längs halbierte Karpfen (je Fisch etwa 1–1,5 kg)
- Salz und Pfeffer aus der Mühle
- Weizen- oder Dunstmehl
- Butterschmalz zum Ausbacken

Die Karpfenhälften säubern, waschen, trocken tupfen und mit Salz und Pfeffer würzen. Ausreichend Mehl in eine große Schüssel geben. Den Backofen auf 80 °C (Warmhaltestufe) vorheizen.

Reichlich Butterschmalz in einer großen Pfanne auf 180 °C erhitzen. Die gewürzten Karpfenhälften nacheinander im Mehl wenden und in etwa 8 Minuten goldgelb ausbacken. Auf Küchenpapier legen und sofort servieren.

Als Beilagen sind Kartoffelsalat und ein gemischter Salatteller zu empfehlen.

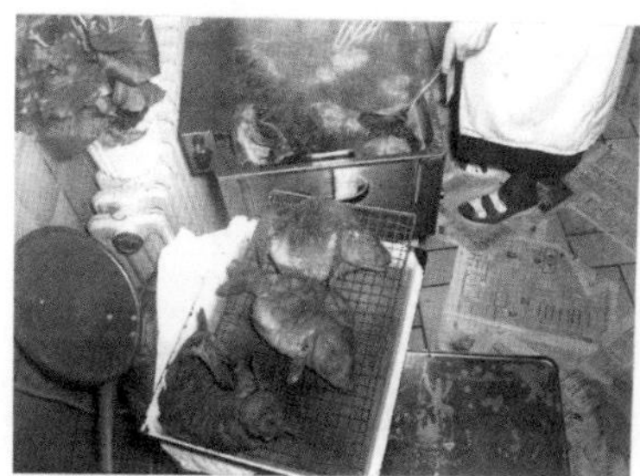

Ein Brotzeit-Klassiker, wenn die Küche mal kalt bleiben soll. Die Heringe müssen vollständig mit Marinade bedeckt sein. Wenn die angegebene Menge nicht ausreicht, noch etwas Sahne und Sauerrahm zufügen. Die Salzheringe können auch durch Matjesfilets ersetzt werden, dadurch entfallen das Putzen und Filetieren.

marinierte heringe

FÜR 4 PERSONEN

6 Salzheringe oder Matjesfilets
2 große Zwiebeln
2 säuerliche Äpfel (Boskop oder Braeburn)
2 Gewürzgurken
1 Schuss weißer Balsamicoessig
1 Prise Zucker

FÜR DIE MARINADE

200 g Sahne
200 g Sauerrahm
1 Lorbeerblatt
3–4 Wacholderbeeren

Die Heringe 1 Tag wässern. Dann putzen, enthäuten, längs halbieren und filetieren. Die Filets in eine Schüssel legen.

Die Zwiebeln schälen und halbieren, die Äpfel schälen, entkernen und vierteln. Zwiebeln, Äpfel und Gurken in feine Scheiben schneiden und zu den Filets geben.

Für die Marinade Sahne, Sauerrahm und Gewürze verrühren. Über die Heringe gießen und gut vermengen.

Die Heringe mit Balsamico und Zucker abschmecken und mindestens 12 Stunden abgedeckt an einem kühlen Ort ziehen lassen. Mit Pellkartoffeln servieren.

Ein Festtagsschmaus, der nicht alle Tage auf den Tisch kam. Der Burgunder gibt dem Gericht seine typische dunkle Farbe und ein volles Aroma.

rinderbraten burgunder art

FÜR 4–6 PERSONEN

1 Bund Suppengrün
4 Schalotten
1 EL Butterschmalz
1,2 kg Rinderhüfte
2 EL Tomatenmark
3 Zweige Thymian
400 ml Rinderbrühe
500 ml französischer Burgunder oder ein anderer dunkler Rotwein
Salz und Pfeffer aus der Mühle
etwas Speisestärke
1 TL Dijon-Senf

Bräter
feines Küchensieb

Den Backofen auf 160 °C vorheizen.

Das Suppengrün waschen, putzen und in grobe Stücke schneiden. Die Schalotten schälen und würfeln.

In einem Bräter das Schmalz erhitzen und das Fleisch darin von jeder Seite 1–2 Minuten anbraten. Herausnehmen und das Gemüse zusammen mit dem Tomatenmark im Bräter anrösten.

Die Thymianzweige waschen und zugeben, dann mit Brühe und Wein ablöschen. Das Fleisch zurück in den Bräter legen und kräftig mit Salz und Pfeffer würzen. Abgedeckt 1 ½ Stunden im Ofen garen. Das Fleisch dabei immer wieder mit dem Sud übergießen.

Nach Ende der Garzeit das Fleisch herausnehmen und warm stellen. Den Sud durch ein Sieb in einen Topf füllen und das Gemüse ausdrücken. Passieren und die Sauce mit in etwas Wasser aufgelöster Speisestärke abbinden. Mit Senf abschmecken. Zum Servieren den Braten in Scheiben schneiden und auf einer Platte anrichten. Mit der Sauce servieren.

Ein Klassiker für die Sonntagstafel. Je nach Geschmack mehr oder weniger geraspelten Meerrettich hinzufügen.

tafelspitz mit meerrettichsauce

FÜR 4 PERSONEN

1 kg Rindfleisch vom Tafelspitz
½ TL Salz
10 schwarze Pfefferkörner
1 große Zwiebel
2 Bund Suppengrün
2 Lorbeerblätter

FÜR DIE MEERRETTICHSAUCE

1 EL Butter
1 EL Mehl
½–1 Wurzel Meerrettich (nach Belieben)
50–100 g Sahne

feines Küchensieb
Küchenreibe

Das Rindfleisch in 2–3 l kochendes Wasser legen und zusammen mit Salz und Pfefferkörnern langsam 1 Stunde kochen, wobei das Wasser immer nur leicht wallen soll. In der Zwischenzeit die Zwiebel ungeschält quer durchschneiden und an den Schnittflächen in einer heißen Pfanne rösten, bis sie schwarz ist. Beiseitestellen. Das Suppengrün grob hacken.

Vorbereitete Zwiebel, Suppengrün und Lorbeerblätter zugeben. Das Fleisch nochmals 1 Stunde köcheln, danach noch etwa 1 Stunde bei abgeschaltetem Herd in der Brühe ziehen lassen. Herausnehmen und in fingerdicke Scheiben schneiden. Die Brühe abseihen und für die Sauce aufbewahren. Das Gemüse als Beilage reichen oder entsorgen.

Für die Meerrettichsauce Butter in einem Topf zerlassen, das Mehl darüberstreuen und einrühren. Portionsweise Fleischbrühe zugeben, bis eine sämige Sauce entsteht. Den Meerrettich reiben und zufügen, kurz aufwallen, aber nicht mehr kochen lassen. Abschmecken und die Sahne einrühren.

Salzkartoffeln und Preiselbeeren dazureichen.

Nanettes Rezeptebuch

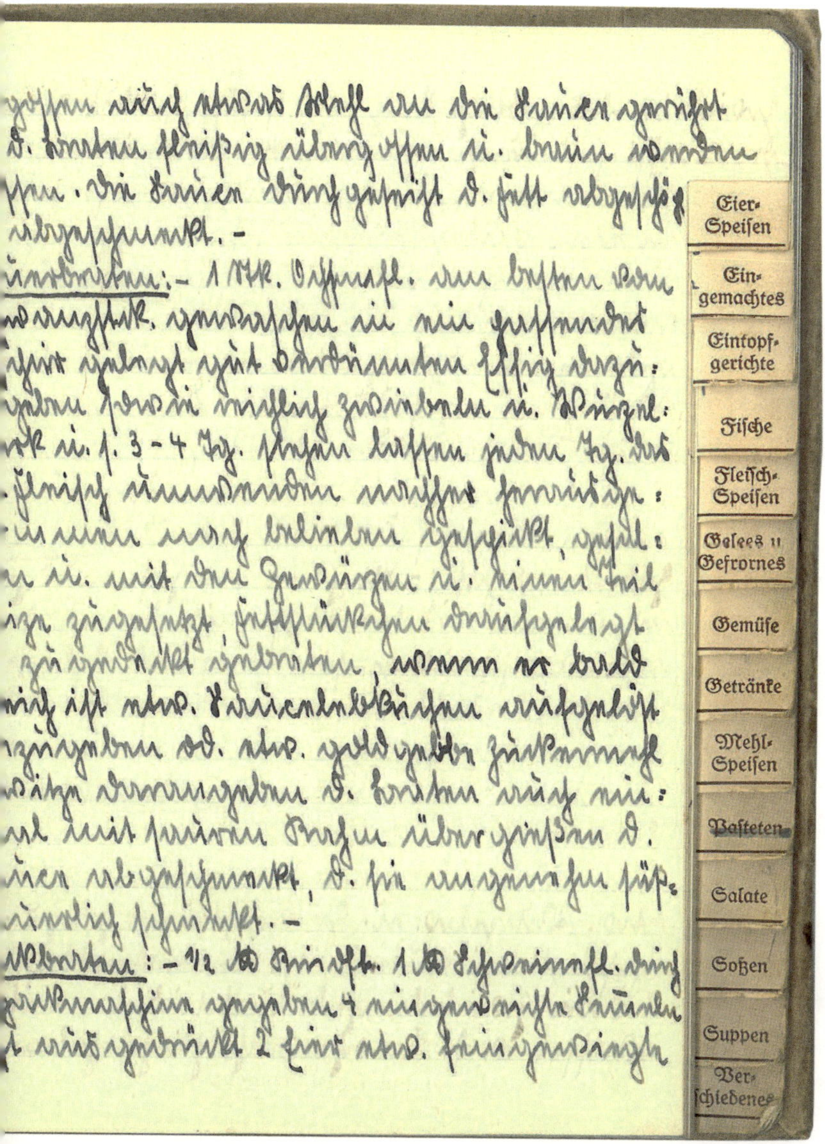

Eier-
Speisen

Ein-
gemachtes

Eintopf-
gerichte

Fische

Fleisch-
Speisen

Gelees u
Gefrornes

Gemüse

Getränke

Mehl-
Speisen

Pasteten

Salate

Soßen

Suppen

Ver-
schiedenes

schlachttage – und was aus eigener herstellung auf den teller kam

blutwurst, geräucherte bratwürste und presssack in dosen

Bis Anfang der 80er-Jahre war dreimal im Jahr Schlachttag am Bauhof – ein Ereignis, das so selbstverständlich zum Leben hier gehörte wie Erntedank nach einem arbeitsreichen Jahr auf dem Feld oder der Ausschank des eigenen Biers zu den Zeiten, in denen noch selbst gebraut wurde. Acht Schweine hatte man auf dem Hof, die im Sommer jeden Morgen über die Straße auf die Weide gebracht wurden. Und weil es den Tieren so gut ging und Nanettes Vater gelernter Metzger war, schmeckten Wurst und Fleisch umso besser.

In fränkischer Tradition gab es Schlachtschüssel, Blutwurst, Presssack – und natürlich Bratwürste, frisch, solange der Vorrat reichte, oder geräuchert in der hofeigenen Räucherkammer. Nicht nur die Familie Herz und ihr großer Haushalt mit Knechten und Mägden, später dann mit Lehrmädchen, Praktikanten und dem Melker, auch die Besucher des Wirtshauses wussten die Spezialitäten aus frischer Schlachtung und eigener Herstellung zu schätzen und nahmen sich regelmäßig etwas von der Dosenwurst für zu Hause mit.

Als Besonderheit auf dem Bauhof darf gelten, dass hier auch Lämmer gehalten und geschlachtet wurden. Der Lammbraten von Nanette (ohne Knoblauch) und ihrer Schwiegertochter Gerlinde (mit Knoblauch) war legendär, im Gasthaus verlangte man danach. So wurde ein großer Teil des Fleisches für den späteren Verzehr eingefroren, und kleinere Mengen Lammfleisch hat man auch verkauft.

Indes brachte Nanette ihr breites Wissen und Können nicht nur bei der Zubereitung feinster Gerichte in der Küche ein, war doch das Schlachten von Hühnern und Enten auch Inhalt der Fortbildungen, die sie besuchte – und der Lehrlingsausbildung auf dem Bauhof.

Und ein weiteres Schmankerl hatte man hier zu bieten, in dessen Genuss man mit etwas Glück auch in der Gastwirtschaft kam: gebratene Täubchen. Die jungen Tauben wurden zur Saison auf dem Hof geschlachtet, gerupft, gefüllt und frisch gebrutzelt verspeist – oder ebenfalls direkt tiefgekühlt für einen künftigen Leckerbissen.

Das geschlachtete Schwein wird zum Entfernen der Borsten mit heißem Wasser überbrüht (v. l. Fritz und Hans Herz, Metzger Leonhard »Hartl« Eberlein)

Konrad Stöber (Nanettes Vater, gelernter Metzger) beim Zerlegen des Schweins

Schweineblasen (unter Metzgern ein Zeichen für den Schlachttag)

Sauerbraten wird traditionell mit Rindfleisch zubereitet, Nanette kochte ihn aber oft mit Lammfleisch, da die Familie am Bauhof einige Schafe und Lämmer hielt. Dafür und für ihre schmackhaften Lammgerichte war Nanette im Umland bekannt. Zum Sauerbraten Kartoffelklöße (Rezept S. 237) und Blaukraut (Rezept S. 232) reichen.

sauerbraten

FÜR 4–6 PERSONEN

1,5 kg Rindfleisch oder entbeinte Lammkeule
1 EL Sonnenblumenöl
1 ½ l Rinderbrühe
200 ml milder Gewürzessig, plus etwas mehr bei Bedarf
3 Lorbeerblätter
1 EL Wacholderbeeren
2 Zwiebeln
6 Karotten
1–2 Saucenlebkuchen
200 g Sahne
Salz und Pfeffer aus der Mühle
Zucker
4 EL Preiselbeeren (aus dem Glas) zum Servieren

Bräter
Teefilter oder Tee-Ei
Pürierstab

Den Backofen auf 170 °C vorheizen.

Das Fleisch trocken tupfen. Öl im Bräter auf hoher Stufe erhitzen und das Fleisch darin rundum kräftig anbraten. Mit Brühe und Essig ablöschen. Lorbeerblätter und Wacholderbeeren in einen Teefilter geben und zufügen.

Die Zwiebeln schälen und grob zerkleinern. Die Karotten ebenfalls schälen, die eine Hälfte würfeln, die andere halbieren. Zwiebeln und gewürfelte Karotten mit dem Fleisch 3 Stunden im Ofen garen. 20 Minuten vor Ende der Garzeit die restlichen Karotten hinzufügen.

Anschließend Fleisch, Gewürzsäckchen und die halben Karotten aus dem Sud nehmen. Die Saucenlebkuchen würfeln und mit der Sahne zugeben. Alles mit dem Pürierstab zu einer sämigen Sauce pürieren. Mit Salz, Pfeffer, Zucker sowie bei Bedarf mit Essig abschmecken.

Das Fleisch in 1 cm dicke Scheiben schneiden und mit den Karotten zurück in die Sauce geben. Den Sauerbraten mit Preiselbeeren servieren.

Geschmorte Rinderrouladen sind ein beliebter Klassiker und wurden immer wieder gerne von Nanette serviert. Dazu Kartoffelklöße (Rezept S. 237) oder Salzkartoffeln und Blaukraut (Rezept S. 232) servieren.

rouladen in rotwein

FÜR 4 PERSONEN

4 Rinderrouladen
Salz und Pfeffer aus der Mühle
3 EL Öl
375 ml trockener Rotwein
1 TL getrockneter Rosmarin
150 g Crème fraîche
1 Prise Zucker

FÜR DIE FÜLLUNG

2 Karotten
100 g durchwachsener Räucherspeck
100 g Champignons
1 Zwiebel
1 Knoblauchzehe
1 Bund Petersilie
1 EL Öl

Fleischklopfer
Zahnstocher zum Fixieren

Die Rouladen flach klopfen, salzen und pfeffern. Die Karotten putzen und schälen.

Für die Füllung Räucherspeck, Karotten und Champignons in kleine Würfel schneiden. Zwiebel und Knoblauch schälen und zusammen mit der Petersilie fein hacken. In einem Topf das Öl erhitzen und den Räucherspeck darin anbraten. Zwiebel und Knoblauch zufügen und glasig dünsten. Karotten und Champignons zugeben und weich sautieren.

Den Topf vom Herd nehmen und die Petersilie unterrühren. Die Füllung auf die vorbereiteten Rouladen streichen, dann aufrollen und mit Zahnstochern feststecken.

In einem großen Topf das Öl stark erhitzen und die Rouladen darin von allen Seiten braun anbraten. Mit Wein ablöschen, den Rosmarin zufügen, abdecken und 1 ½ Stunden schmoren lassen.

Die fertigen Rouladen herausnehmen und die Sauce mit Crème fraîche binden. Mit Salz, Pfeffer und Zucker abschmecken und zu den Rouladen servieren.

Dieses Gericht gab es bei Familie Herz oft sonntags, auch in der Wirtschaft. Bratengerichte waren eine der Spezialitäten von Nanette. Dazu passt verschiedenes Beilagen-Gemüse und Kartoffelbrei (Rezept S. 238).

kalbsbraten

FÜR 4 PERSONEN

1 kg Kalbfleisch (Nuss, Hüfte oder Schulter) oder 1,5 kg Kalbshachse
frisch gepresster Saft von 1 Zitrone, plus etwas mehr zum Abschmecken
Salz und Pfeffer aus der Mühle
125 g Butter
¼ Knollensellerie
2 Karotten
2 Zwiebeln
1 Knoblauchzehe
4 Scheiben Speck oder geräucherter Bauch

1 l Kalbsfond
250 g Sahne
1 TL Mehl
250 ml Weißwein

Schmortopf
Auflaufform
feines Küchensieb

Das Fleisch mit Zitronensaft einreiben und mit Salz und Pfeffer würzen.

Die Butter zerlassen. Sellerie und Karotten putzen und schälen. Zwiebeln und Knoblauch schälen. Alles Gemüse in Würfel schneiden. Den Backofen auf 150 °C (Ober-/Unterhitze, keine Umluft) vorheizen.

Das Fleisch mit den Speckscheiben umwickeln und in einen Bräter legen. Mit flüssiger Butter übergießen. Die Gemüsewürfel um das Fleisch herum verteilen und den Kalbsfond angießen. Im heißen Backofen 2–3 Stunden weich schmoren.

Den Kalbsbraten herausnehmen, in Scheiben schneiden und in eine Auflaufform legen.
Im Ofen bei 100 °C warm stellen.

Den Bratfond durch ein Sieb in einen Topf gießen, das Gemüse durchdrücken und entsorgen. Sahne und Mehl in einer Schüssel verquirlen und mit einem Schneebesen in die Bratensauce einrühren. Kurz aufkochen lassen und Weißwein einrühren. Mit Zitronensaft, Salz und Pfeffer abschmecken.

Das Fleisch aus dem Ofen nehmen und mit der Sauce übergießen. Weitere 15 Minuten bei 150 °C im Backofen ziehen lassen.

Dieses Gericht hat badische Wurzeln, wurde aber auch gerne in Nanettes fränkischer Küche zubereitet. Mit einem kühlen Glas Weißwein genießen.

eingemachtes kalbfleisch

FÜR 4 PERSONEN

1 kg Kalbfleisch
Salz
2 Zwiebeln
8 Gewürznelken

FÜR DIE SAUCE

30 g Butter
30 g Mehl
375 ml Kochsud
125 ml Weißwein
1 Schuss Essig
1 Prise Zucker

Das Kalbfleisch in 500 ml kaltes Salzwasser einlegen. Die Zwiebeln schälen, mit den Gewürznelken spicken und zugeben. Zum Kochen bringen und köcheln lassen, bis das Fleisch weich ist. Dann herausnehmen, abkühlen lassen und in Würfel oder Scheiben schneiden. Den Sud aufbewahren.

Für die Sauce die Butter erhitzen, das Mehl einstreuen, anschwitzen und mit dem Sud ablöschen. Sämig kochen lassen, dann den Weißwein angießen und mit Essig und Zucker abschmecken. Zuletzt die Fleischwürfel zufügen und in der Sauce erwärmen.

Dazu passt verschiedenes Beilagen-Gemüse und Kartoffelbrei (Rezept S. 238).

Reh - - - 10.50
Kalb - - - 8.50
Lamm - - - 8.50
Schwein - - 8.50
Schäufele } nach Größe
Knörzle }
Kesselfleisch 5.50
Torten 2.80 Blut + Leberw 4
Küchle 1.20 Klos ....
Eisbecher 3.50
Glühwein 3.50
Port. Kraut 1.20
Butterbrot 1.—
Port. Butter -.60

Den Klassiker mit Äpfeln und Zwiebeln kennt jeder. Nanettes Variante mit Brombeeren ist eher nicht so bekannt, dafür sommerlich leicht und mit frisch gepflückten Brombeeren und Salbei ein wahrer Genuss!

kalbsleber mit brombeeren

FÜR 4 PERSONEN

4 Scheiben Kalbsleber
150 g kleine Zwiebeln
1 Stängel Salbei
2 EL Öl
Salz und Pfeffer aus der Mühle
1 TL Zucker
100 ml Rotwein
200 ml Rinderbrühe von guter Qualität
250 g Brombeeren
50 g Butter

Die Leber waschen und trocken tupfen. Jede Scheibe in 3 Stücke schneiden und pfeffern. Die Zwiebeln schälen und vierteln. Den Salbei waschen, trocken schütteln und die Blättchen abzupfen.

Den Backofen auf 100 °C vorheizen.

Das Öl in einer Pfanne bei mittlerer Temperatur erhitzen und die Leberstücke darin von jeder Seite 2–3 Minuten braten. Salzen, herausnehmen und im Backofen warm stellen.

Zwiebeln und Salbeiblätter im Leber-Bratfett unter Rühren andünsten. Mit Zucker bestreuen und leicht karamellisieren lassen. Den Wein zugießen und auf die Hälfte einkochen lassen. Brühe zugeben und ebenfalls kurz reduzieren.

Die Brombeeren nur bei Bedarf waschen und trocken tupfen. Butter in Stücke teilen und in die kochende Sauce rühren. Beeren unterheben und die Sauce mit Salz und Pfeffer würzen. Die Leber portionsweise mit der Brombeersauce anrichten. Sofort servieren.

Dazu frisches Weißbrot reichen.

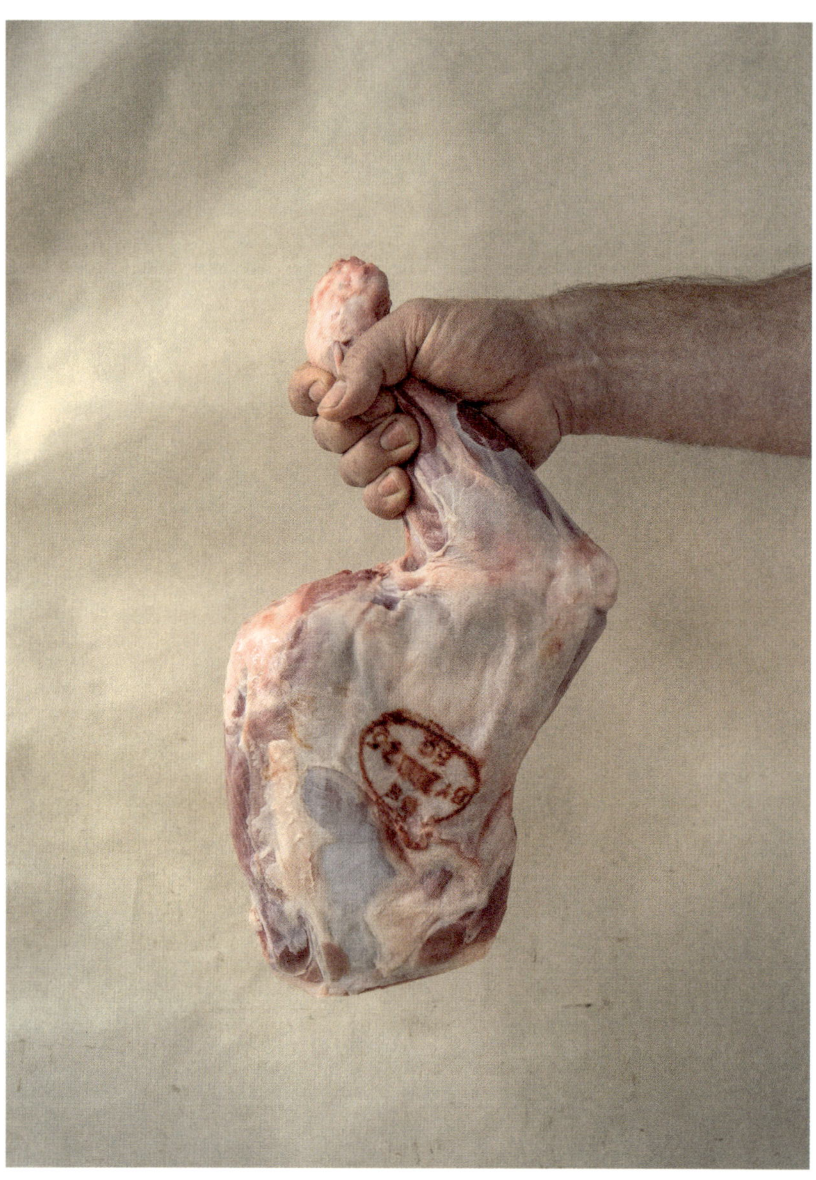

Der »Bauhof« war in ganz Cadolzburg und Umgebung bekannt für seine hervorragenden Lammgerichte. Ganze Gruppen kamen an manchen Wochenenden und wollten Nanettes Lammbraten probieren.

lammbraten

FÜR 4–6 PERSONEN

1 ½ kg Lammbraten (Schulter, Keule, Nacken oder Hachse)
1 große Zwiebel
5 Knoblauchzehen
6 EL Olivenöl
Salz und Pfeffer aus der Mühle
4 Zweige Rosmarin
4 Zweige Thymian
400 g geschälte Tomaten (aus der Dose)
1 Bio-Zitrone
400 ml trockener Rotwein

Bräter

Den Backofen auf 200 °C vorheizen.

Das Lammfleisch trocken tupfen. Zwiebel und Knoblauch schälen, hacken und im Bräter im heißen Öl andünsten.

Das Fleisch mit Salz und Pfeffer würzen, dazugeben und rundherum anbraten. Die Kräuter waschen, Nadeln bzw. Blättchen abzupfen und zusammen mit den Dosentomaten hinzufügen.

Die Zitrone waschen, in Scheiben schneiden und auf dem Fleisch verteilen. Ein Drittel des Rotweins angießen, kurz aufkochen, dann den Bräter abgedeckt für 2 Stunden in den Ofen geben. Während der Garzeit nach und nach den restlichen Rotwein zugießen.

Nach etwa 1 ½ Stunden den Deckel entfernen, um das Fleisch zu bräunen.

Am besten serviert man dazu Rosmarinkartoffeln.

Auf Nanettes Bauernhof, einem alten fränkischen Fachwerkhaus mit Gehöft, gab es viele Jahre lang Schafe und Lämmer. Die marinierte Lammkeule gab es vor allem zu besonderen Anlässen und war dann immer besonders beliebt.

marinierte lammkeule

FÜR 4 PERSONEN

4 Knoblauchzehen
4 EL Cognac
½ TL grober Pfeffer
3 EL Olivenöl
3 Zweige Rosmarin
5 Zweige Thymian
1,2 kg Lammkeule (Nettogewicht)
2 EL zimmerwarme Butter

Aluminiumfolie
Bräter

Den Knoblauch schälen, fein hacken und in einer Schüssel mit Cognac und Pfeffer verrühren. Das Olivenöl unterschlagen. Rosmarin und Thymian waschen, trocken tupfen und die Nadeln bzw. Blättchen abzupfen.

Die Kräuter auf ein großes Stück Alufolie streuen. Die Keule darauflegen und mit dem Knoblauchöl bestreichen. Folie verschließen und das Fleisch 24 Stunden im Kühlschrank durchziehen lassen.

Den Backofen auf 220 °C vorheizen. Die Lammkeule in einen Bräter legen und mit etwas Butter bestreichen. Im heißen Backofen etwa 1 ½ Stunden braten. Dabei regelmäßig mit Butter bestreichen. Die Keule aus dem Ofen nehmen und 15 Minuten ruhen lassen.

In Scheiben schneiden und servieren. Dazu passen Rosmarinkartoffeln vom Blech.

Ein weiterer Lamm-Klassiker, der von den Gästen des Gasthauses »Bauhof«, dem Wirtshaus der Familie Herz, gerne bestellt wurde.

lammkeule im gemüsebett

FÜR 4 PERSONEN

2 EL Sonnenblumenöl zum Braten
1 Lammkeule, entbeint
Salz und Pfeffer aus der Mühle
1 TL Majoran
500 g Kartoffeln
5 Salbeiblätter
500 g grüne Bohnen
1 Schuss Weiß- oder Rotwein oder Brühe
1 Bund Petersilie oder Schnittsellerie, plus etwas mehr zum Garnieren
300 g Crème fraîche
2 EL Senf
125 g Sahne
1 Glas Kapern, abgetropft

Bräter

Den Backofen auf 220 °C vorheizen. 1 EL Öl in einer großen Pfanne bei mäßig hoher Temperatur erhitzen und die Lammkeule darin rundum anbraten. Mit Salz, Pfeffer und Majoran würzen, in einen Bräter legen und im heißen Backofen etwa 2 Stunden garen.

In der Zwischenzeit die Kartoffeln schälen und in Viertel oder Achtel schneiden. Bei mittlerer Hitze 10 Minuten in Öl anbraten, salzen und die Salbeiblätter zufügen.

Die Bohnen putzen und in Stücke brechen. Zusammen mit den Kartoffeln zum Fleisch geben und etwas Wein angießen. Die Petersilie fein hacken.

In einer Schüssel Crème fraîche, Senf und Sahne vermischen. Zwei Drittel davon zur Lammkeule geben und weitere 30 Minuten braten. Kurz vor Ende der Garzeit die restliche Senfsahne, Kapern und gehackte Petersilie in die Sauce rühren. Nochmals 5–10 Minuten ziehen lassen und mit etwas gehackter Petersilie bestreut servieren.

Dieser bayerische Klassiker ist das Lieblingsgericht von Nanettes Sohn Fritz. Der Eintopf mit weich gekochtem Rind- und Schweinefleisch und Wurzelgemüse brachte alles für ein stärkendes Mittagessen mit. Das Gemüse ist je nach Saison und Verfügbarkeit variabel austauschbar.

pichelsteiner

FÜR 4 PERSONEN

250 g Rindfleisch (z. B. Schulter oder Brust)
250 g Schweinefleisch (z. B. Hals)
1 Knollensellerie
2 Petersilienwurzeln
2 Karotten
500 g Kartoffeln
2 Stangen Lauch
1–2 Zwiebeln
30 g Butterschmalz
Salz und Pfeffer aus der Mühle
edelsüßes Paprikapulver
500–750 ml heiße Gemüsebrühe (Rezept S. 233)
Petersilie zum Garnieren

Das Fleisch in 2 cm große Würfel schneiden. Wurzelgemüse putzen, schälen und würfeln. Lauch gründlich putzen, waschen und in 2 cm dicke Ringe schneiden. Zwiebel schälen und fein würfeln.

Das Schmalz in einem Topf bei mittlerer Temperatur zerlassen und Zwiebel- sowie Fleischwürfel darin 3 Minuten anrösten. Die Hälfte des Fleisches herausnehmen und die Hälfte des Gemüses hineingeben. Kräftig mit Salz, Pfeffer und Paprikapulver würzen, aber nicht vermengen.

Restliches Fleisch zufügen, eine weitere Lage Gemüse daraufschichten und nochmals würzen. Mit einer Lage Kartoffeln abschließen und seitlich mit heißer Brühe aufgießen.

Deckel auflegen und bei mittlerer Temperatur 1 Stunde garen, dabei nicht umrühren. In der Zwischenzeit die Petersilie fein hacken. Den Pichelsteiner Eintopf auf Teller verteilen und mit Petersilie garnieren.

Hans Herz, Gast, Konrad und Anna Stöber (v. l.)

Bratengerichte waren eine Spezialität von Nanette, und goss sie auch noch Bier zur Sauce, war das fränkische Schmankerl perfekt. Dazu Kartoffelklöße »halb und halb« servieren (Rezept S. 237).

schweinebraten in dunkelbiersauce

FÜR 4–6 PERSONEN

1 Zwiebel
2 Knoblauchzehen
1 Bund Suppengrün
1,5 kg Schweinefleisch mit Schwarte (z. B. Hals)
Salz und Pfeffer aus der Mühle
1 TL Majoran
1 TL gemahlener Kümmel
Rinde von 1 Scheibe Schwarzbrot
500 ml heiße Flüssigkeit (Wasser oder Brühe)
200 ml dunkles Bier
2 TL Speisestärke

Knoblauchpresse
Schmortopf
feines Küchensieb

Zwiebel und Knoblauch schälen. Zwiebel grob hacken und Knoblauch pressen. Suppengrün waschen, gegebenenfalls schälen und grob hacken. Das Fleisch waschen, trocken tupfen und mit Salz, Pfeffer, Majoran, Knoblauch und Kümmel rundherum einreiben.

Mit der Schwarte nach unten in einen Schmortopf legen, wenig kochendes Wasser zugeben und auf dem Herd 20 Minuten zugedeckt bei mittlerer Temperatur dämpfen, bis das Wasser verdampft ist.

Den Backofen auf 220 °C vorheizen.

Das Fleisch wenden und die Schwarte rautenförmig einschneiden. Zwiebel, Suppengrün und Brotrinde zufügen. Den Schmortopf offen in den Ofen stellen und 2–2 ½ Stunden braten. Dabei immer wieder Bratensaft und Fett darüberschöpfen. Wenn der Braten schön gebräunt ist, gelegentlich seitlich Flüssigkeit angießen.

Für eine knusprige Schwarte den Braten kurz vor Ende der Garzeit mit Bier bestreichen und den Rest zur Bratensauce gießen. Wenn das Fleisch bei leichtem Druck mit einem Löffel nicht mehr nachgibt, ist der Braten fertig.

Den Schweinebraten herausnehmen und 5–10 Minuten ruhen lassen. In Scheiben schneiden. Die Sauce durch ein Sieb passieren. Abschmecken, mit in etwas Wasser angerührter Speisestärke binden und nochmals aufkochen lassen. Zusammen mit den Bratenscheiben servieren.

Dazu passen Kartoffelklöße (Rezept S. 237) und ein grüner Beilagensalat.

Bei einem Besuch im schönen Frankenland darf der Genuss eines echten Schäufeles auf keinen Fall fehlen. Der Klassiker aus der Schweineschulter wird mit Knochen serviert, und das Fleisch muss sich leicht davon lösen lassen. Für viele das Beste daran: die knusprige Schwarte.

fränkisches schäufele

FÜR 4 PERSONEN

1,5 kg Schweineschulter mit Knochen und Schwarte
2 Knoblauchzehen
1 TL Kümmelsamen
½ TL gemahlener schwarzer Pfeffer
½ TL getrockneter Majoran
1 Msp. frisch geriebene Muskatnuss
1 Bund Suppengrün
2 Zwiebeln
4 Nelken
1 TL Salz
2 Lorbeerblätter
1 kleiner Zweig Rosmarin
1 l heiße Fleischbrühe
200 ml helles oder halbdunkles Bier (kein Pils)
Kartoffelklöße »halb und halb« zum Servieren (Rezept S. 237)

Mörser
flacher Bräter
Aluminiumfolie
feines Küchensieb

Das Fleisch waschen und trocken tupfen. Die Schwarte mit einem scharfen Messer rautenförmig einschneiden. Dabei nicht ins Fleisch schneiden. Die Knoblauchzehen schälen.

Den Kümmel im Mörser fein zerreiben. Pfeffer, Majoran, Muskat und 1 Knoblauchzehe zugeben und zu einer Würzpaste zerstoßen. Das Fleisch (nicht die Schwarte) damit einreiben und abgedeckt über Nacht kühl stellen.

Den Backofen auf 250 °C (Ober-/Unterhitze, keine Umluft) vorheizen. Das Suppengrün waschen, putzen, gegebenenfalls schälen und in grobe Würfel schneiden. Zwiebeln schälen und mit je 2 Nelken spicken. Das Fleisch salzen und in einen flachen Bräter legen. Suppengrün, Zwiebeln, Lorbeerblätter, Rosmarin und Knoblauch um das Fleisch herum verteilen. Mit der heißen Brühe übergießen, bis das Gemüse fast bedeckt ist. Im heißen Ofen auf unterer Schiene 10 Minuten braten.

Die Temperatur auf 150 °C senken und das Schäufele etwa 4 Stunden weitergaren. Das Fleisch dabei alle 30 Minuten mit dem Bratensaft übergießen. Darauf achten, dass die Flüssigkeit nicht vollständig verdampft. Bei Bedarf etwas heiße Fleischbrühe nachgießen, bis das Gemüse wieder fast bedeckt ist.

45 Minuten vor Ende der Garzeit das Schäufele mit etwas Bier übergießen. 15 Minuten vor Ende der Garzeit wiederholen. Das Schäufele ist gar, wenn sich das Fleisch mit einem Messer leicht vom Knochen lösen lässt.

Das Fleisch herausnehmen, in Alufolie wickeln und warm stellen. Die Sauce durch ein Sieb in einen Topf abseihen und das Gemüse durch das Sieb streichen. Die Sauce nochmals mit Salz und Pfeffer abschmecken und kurz erhitzen.

Das Schäufele in große Stücke teilen und mit der Sauce servieren. Dazu schmecken Kartoffelklöße.

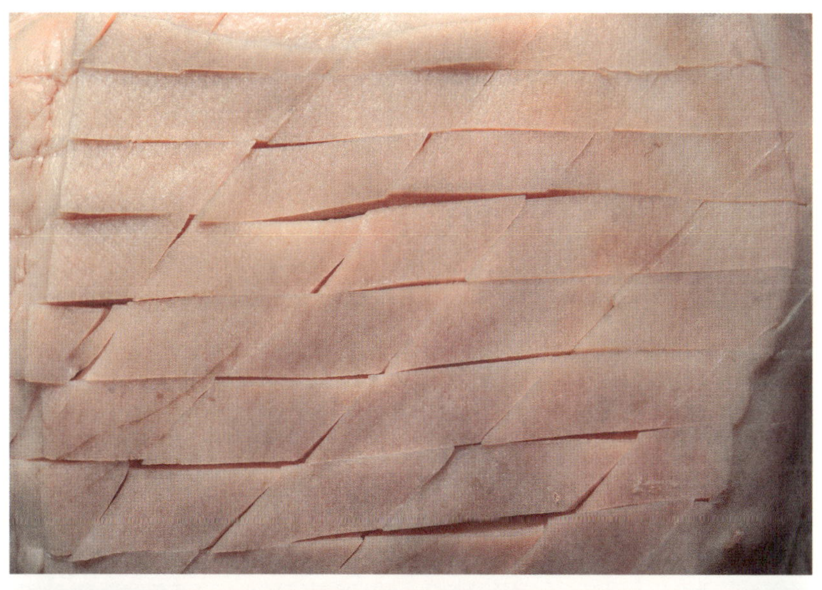

»Beffsteck« gab es oft in der Familie Herz, und der charmante fränkische Rezeptname erinnert einen womöglich an das Beefsteak. Dass Nanette das Gericht stets mit Schweinelende – und nicht mit Rind – zubereitete, störte aber niemanden. Dies ist eines der Lieblingsgerichte ihrer Kinder, die es noch heute gerne nachkochen und die Zwiebelsauce mit Nanettes berühmtem Römisch Brot (Rezept S. 228) auftunken.

»beffsteck«

schweinelende in zwiebelsauce nach beefsteak-art

FÜR 2 PERSONEN

500 g Schweinelende
6 Zwiebeln
Salz und Pfeffer aus der Mühle
etwas Mehl zum Mehlieren
1 EL Butterschmalz
500 ml gekörnte Fleischbrühe

Die Schweinelende in gut fingerdicke Scheiben schneiden. Zwiebeln schälen, halbieren und in Scheiben schneiden.

Die Lendenstücke rundherum salzen und pfeffern und in Mehl wenden. In einer Pfanne das Butterschmalz bei mittlerer Temperatur erhitzen und die Lendenscheiben 2 Minuten von jeder Seite anbraten. Herausnehmen und warm halten.

Die geschnittenen Zwiebeln im Bratfett goldgelb rösten, dabei auch den Bratenansatz lösen. Mit Mehl bestäuben und gut verrühren. Die Brühe nach und nach zugeben und verquirlen, bis die Sauce eindickt.

Die gebratenen Lendchen beifügen und in der Sauce warm halten.

Hier darf der Rhabarber sein, was er eigentlich ist: ein Gemüse (und keine Süßspeise). Rhabarber, der oft auch herzhaft verarbeitet wurde, baute Nanette auch in ihrem Garten an.

schweinemedaillons mit rhabarbergemüse

FÜR 4 PERSONEN

500 g Rhabarber
100 g Zucker
50 g Butter
6 EL Apfelessig
20 grüne Pfefferkörner (aus dem Glas)
Salz und Pfeffer aus der Mühle
1 Schweinelende
4 EL Öl

Die Rhabarberstangen waschen, schälen und in Würfel schneiden.

Zucker, Butter, Apfelessig und Pfefferkörner in einer Pfanne bei mittlerer Temperatur aufkochen und 5 Minuten köcheln lassen.

Die Rhabarberwürfel in den Sud geben und 5–6 Minuten sanft köcheln lassen. Mit Salz und Pfeffer würzen und das Gemüse auf niedriger Stufe warm halten.

Die Lende in Medaillons schneiden und salzen. Das Öl in einer zweiten Pfanne erhitzen. Die Medaillons hineinlegen und bei mittlerer bis starker Hitze von jeder Seite 3–5 Minuten kräftig braten.

Medaillons und Rhabarbergemüse auf 4 Tellern anrichten und sofort servieren.

Nicht – wie in Nürnberg üblich – im »Weggla« (Semmel), sondern im Kohlblatt kommen die Bratwürstchen hier daher. Sie schmecken als Hauptgericht oder auch mal als Vorspeise. Je nach Saison lassen sich die Nürnberger auch in Endivien-, Mangold- oder Spitzkohlblätter wickeln.

nürnberger im »blättla«

FÜR 4 PERSONEN

1 Kopf Chinakohl
Salz
½ Bund Petersilie
200 g Frischkäse (Doppelrahmstufe)
4 TL mittelscharfer Senf
Pfeffer aus der Mühle
16 Nürnberger Rostbratwürste
2 EL Öl
200 ml Gemüsebrühe (Rezept S. 233)

Zahnstocher zum Fixieren

Den Chinakohl putzen und 16 schöne Blätter ablösen (den Rest anderweitig verwenden). Die Kohlblätter waschen und die dicken Mittelrippen flach schneiden. Die Blätter portionsweise in kochendem Salzwasser jeweils 1 Minute blanchieren. Herausnehmen, kalt abschrecken und abtropfen lassen. Auf der Arbeitsfläche ausbreiten und gut trocken tupfen.

Die Petersilie waschen, trocken schütteln, die Blättchen abzupfen und fein hacken. Frischkäse, Senf und Petersilie in einer Schale verrühren. Mit Salz und Pfeffer abschmecken.

Die Chinakohlblätter mit je 1 TL Senfcreme bestreichen und je 1 Bratwurst darauflegen. Die Längsränder einschlagen und die Blätter aufrollen. Mit Zahnstochern feststecken.

Das Öl in einer großen Pfanne bei mittlerer Temperatur erhitzen. Die Bratwurströllchen darin in 10–15 Minuten rundum braten. Herausnehmen und warm stellen.

Den Bratensatz mit der Gemüsebrühe lösen und kurz aufkochen lassen. Mit Salz und Pfeffer abschmecken und zu den Röllchen servieren.

Kartoffelpüree, Kartoffelsalat oder Laugenbrezeln dazureichen.

Auch unter »Saure Zipfel« bekannt, werden die Bratwürste in einem Sud aus Essig, Zwiebeln und Gewürzen erwärmt. In vielen fränkischen Familien gibt es dieses Gericht traditionell an Heiligabend.

saure bratwürste

FÜR 4 PERSONEN

- 2 große Zwiebeln
- einige Lorbeerblätter, Gewürznelken, Senfkörner, Pfefferkörner und Wacholderbeeren (je nach gewünschter Intensität)
- 125 ml Essig
- 8 große Bratwürste im Naturdarm
- 2 EL Zucker
- 1 EL Salz
- einige Scheiben Bauernbrot

Die Zwiebeln schälen, in dicke Ringe schneiden und in einem Topf knapp mit Wasser bedeckt aufkochen.

Lorbeerblätter, Nelken, Senf- und Pfefferkörner, Wacholderbeeren und Essig zufügen und erneut aufkochen. Die Bratwürste einlegen und nach Möglichkeit unter die Zwiebelringe bringen.

Die Temperatur reduzieren und 20 Minuten sieden lassen. Mit Zucker und Salz abschmecken – der Sud soll pikant werden.

Die Bratwürste noch im Topf vorsichtig mit einer Gabel anstechen und das Fett im Sud auslassen.

Dazu passt gutes Bauernbrot.

Dieser »Riesenkrautwickel« macht wesentlich weniger Arbeit als viele kleine und schmeckt immer, besonders an kühlen Tagen.

krautbraten

FÜR 4 PERSONEN

1 kleiner Kopf Weißkohl
2 Zwiebeln
3 EL Butter- oder Schweineschmalz, plus etwas mehr für die Form
500 g gemischtes Hackfleisch
250 g Schweinegulasch
1 EL Kümmelsamen
Salz und Pfeffer aus der Mühle
125 ml Weißwein
6 Scheiben durchwachsener geräucherter Schweinebauch

große Auflaufform oder Bräter mit Deckel

Das Kraut putzen, den Strunk herausschneiden und den Kopf waschen. Den ganzen Kopf in kochendes Wasser legen und 10 Minuten darin sieden lassen. Herausheben, abtropfen lassen und 12 große Blätter ablösen. Das restliche Kraut klein schneiden.

Die Zwiebeln schälen und fein hacken. In einem großen Topf 2 EL Schmalz bei mittlerer Temperatur erhitzen und die Zwiebeln darin glasig dünsten. Hackfleisch und Gulasch zugeben und anbraten. Das gehackte Kraut unterheben. Mit Kümmelsamen, Salz und Pfeffer würzen. Den Wein zugießen und 10 Minuten köcheln lassen.

Inzwischen den Backofen auf 220 °C vorheizen. Eine große Auflaufform fetten und mit 8 Krautblättern auslegen. Die Fleischmischung einfüllen und mit den restlichen 4 Blättern abdecken. Das restliche Schmalz in Flöckchen darauf verteilen.

Den Braten zugedeckt 45 Minuten in der Ofenmitte garen. Dann die Speckscheiben darauflegen und offen nochmals 15 Minuten im Ofen braten.

Salzkartoffeln oder Kartoffelbrei (Rezept S. 238) dazuservieren.

Ein sehr rustikales Gericht mit einfachen Zutaten, die auf Nanettes Bauernhof stets verfügbar waren und die hungrigen Mägen schnell füllten.

bauchfleisch, kraut und erbsen

FÜR 4 PERSONEN

400 g getrocknete grüne Erbsen
1 Bund Suppengrün
2 EL Butterschmalz
½ Zwiebel
3 EL Mehl
Salz und Pfeffer aus der Mühle
1 Portion Fränkisches Sauerkraut (Rezept S. 231) oder 800 g Sauerkraut (aus der Packung)
4 Scheiben gepökeltes Bauchfleisch
1 Portion Kartoffelbrei (Rezept S. 238)

Pürierstab

Die Erbsen über Nacht in kaltem Wasser einweichen und anschließend abgießen. Mit 1 l Wasser und Suppengrün in einen Topf geben und bei mittlerer Hitze weich kochen (Vorsicht: Sie brennen leicht an!). Sobald die Erbsen weich sind, mit dem Pürierstab pürieren.

In einem weiteren Topf das Butterschmalz bei mittlerer Hitze zerlassen. Die Zwiebel fein hacken, 1 Minute darin anschwitzen und mit Mehl bestäuben. Gut vermengen und nach und nach und unter ständigem Rühren 500 ml Wasser angießen. Den Erbsenbrei zufügen und mit Salz und Pfeffer abschmecken.

Das Sauerkraut in einen Topf geben, das Bauchfleisch darauflegen und bei mittlerer Temperatur einige Minuten durcherhitzen. Erbsen- und Kartoffelbrei zusammen mit Sauerkraut und Bauchfleisch servieren.

Die Berliner haben Buletten, die Bayern Fleischpflanzerl, die Österreicher Fleischlaberln und die Franken die Fleischküchle. Ein einfaches Essen der Alltagsküche.

fleischküchle

FÜR 4 PERSONEN

1 altbackene Semmel
1 Zwiebel
1 Knoblauchzehe
500 g gemischtes Hackfleisch
1–2 Bio-Eier
1 Prise Majoran
1 Prise Paprikapulver
frisch geriebene Muskatnuss
Salz und Pfeffer aus der Mühle
Butterschmalz oder Öl zum Ausbacken

Die Semmel in Wasser einweichen. Zwiebel und Knoblauch schälen und fein hacken.

Hackfleisch in eine Schüssel geben, Zwiebel, Knoblauch, Eier und ausgedrückte Semmel zufügen und alles gut vermischen. Mit Majoran, Paprika, Muskat, Salz und Pfeffer pikant abschmecken. Mit den Händen Fleischklößchen formen und etwas flach drücken.

Das Butterschmalz in einer Pfanne erhitzen und die Fleischküchle darin unter mehrmaligem Wenden goldbraun braten.

Zu Gemüse und Salzkartoffeln oder »Stopfer« (Rezept S. 238) servieren.

Wer mag, kann noch 1 gehackte rote Paprikaschote unter die Fleischmasse mischen.

Weißkohl ist ein lagerfähiges, sehr gesundes und vor allem günstiges Wintergemüse und wurde von Nanette stets zu zahlreichen Gerichten verarbeitet.

krautwickel

FÜR 4 PERSONEN

1 Zwiebel
1 Handvoll Petersilie
2 EL Butterschmalz
1 mittelgroßer Kopf Weißkohl
Salz
1 altbackene Semmel
300 g gemischtes Hackfleisch
1 Bio-Ei
1 Prise Muskat
1 TL Paprikapulver
1 TL getrockneter Thymian
1 TL getrockneter Rosmarin
1 TL getrockneter Majoran
1 EL frischer Liebstöckel
1 TL Oregano
½ TL getrockneter Salbei
125–250 ml Gemüsebrühe (Rezept S. 233)
etwas Mehl oder Saucenbinder
1 Schuss Sahne
etwas Tomatenmark

Rouladennadeln oder Küchengarn

Die Zwiebel schälen, fein würfeln und mit der gehackten Petersilie in 1 EL Butterschmalz andünsten, bis die Zwiebel weich ist. Beiseitestellen.

Den Kohl putzen und waschen. In kochendes Salzwasser geben und 2 Minuten blanchieren. Anschließend fast alle Blätter einzeln ablösen und beiseitestellen. Das Krautinnere klein schneiden (2–3 EL).

Die Semmel in Wasser einweichen und gut ausdrücken. Das Hackfleisch mit Ei, Semmel, Zwiebel-Petersilien-Mischung, Gewürzen und Kräutern sowie dem klein geschnittenen Kraut vermengen.

Die Längsrippen der Kohlblätter entfernen. Den Fleischteig portionsweise auf die einzelnen Krautblätter geben. Die Ränder einschlagen, aufrollen und mit Rouladennadeln befestigen.

Die Krautwickel im restlichen Fett in einem großen Topf von allen Seiten anbraten, die Brühe zugeben und bei geschlossenem Deckel 30 Minuten garen. Sauce nach Belieben mit etwas Mehl binden und mit Sahne und Tomatenmark abschmecken.

Dazu passen »Stopfer« (Rezept S. 238) oder Salzkartoffeln.

Der Schinken bleibt in der Brothülle schön saftig und rosa. Für den frischen Brotteig den Bäcker des Vertrauens fragen.

schinken im brotteig mit sauerkraut

FÜR 4 PERSONEN

1,2 kg gepökelter Keulenbraten vom Schwein
Öl oder Butterschmalz für die Form (keine Butter)
1,5 kg frischer Brotteig (aus der Bäckerei)
Mehl zum Arbeiten

FÜR DAS SAUERKRAUT

1 kg Fränkisches Sauerkraut (Rezept S. 231) oder Sauerkraut aus der Packung
Salz und Pfeffer aus der Mühle
1 Prise Zucker
5 Wacholderbeeren
2–3 Lorbeerblätter
1 TL Kümmelsamen
½ TL Majoran
etwas Gänsefett

ofenfeste Form mit hohem Rand

Das Fleisch 1 Stunde in kaltes Wasser legen. Herausnehmen und gut trocken tupfen.

Den Backofen auf 160 °C (Ober-/Unterhitze, keine Umluft) vorheizen.

Die Ofenform ausfetten. Den Brotteig auf der dünn bemehlten Arbeitsfläche etwa 3 cm dick ausrollen. Den Keulenbraten darauf platzieren und fest einschlagen. Das gefüllte Brot in die Form legen und im heißen Backofen etwa 2 Stunden backen. Die Temperatur bei Bedarf auf 200 °C erhöhen, damit das Brot goldbraun wird.

In der Zwischenzeit das Sauerkraut mit allen Gewürzen in einen Topf geben. Aufkochen und zugedeckt 45 Minuten bissfest garen. Zuletzt das Gänsefett unterrühren.

Den Schinken im Brotteig in Scheiben schneiden und mit dem Sauerkraut servieren.

Als Brotteig eignet sich dunkler Brotteig oder Mischteig, z. B. Gewürz-, Sonnenblumen- oder Siebenkornbrot. Den Schinken im Brotteig nicht auf einem Backblech backen, er trocknet sonst aus!

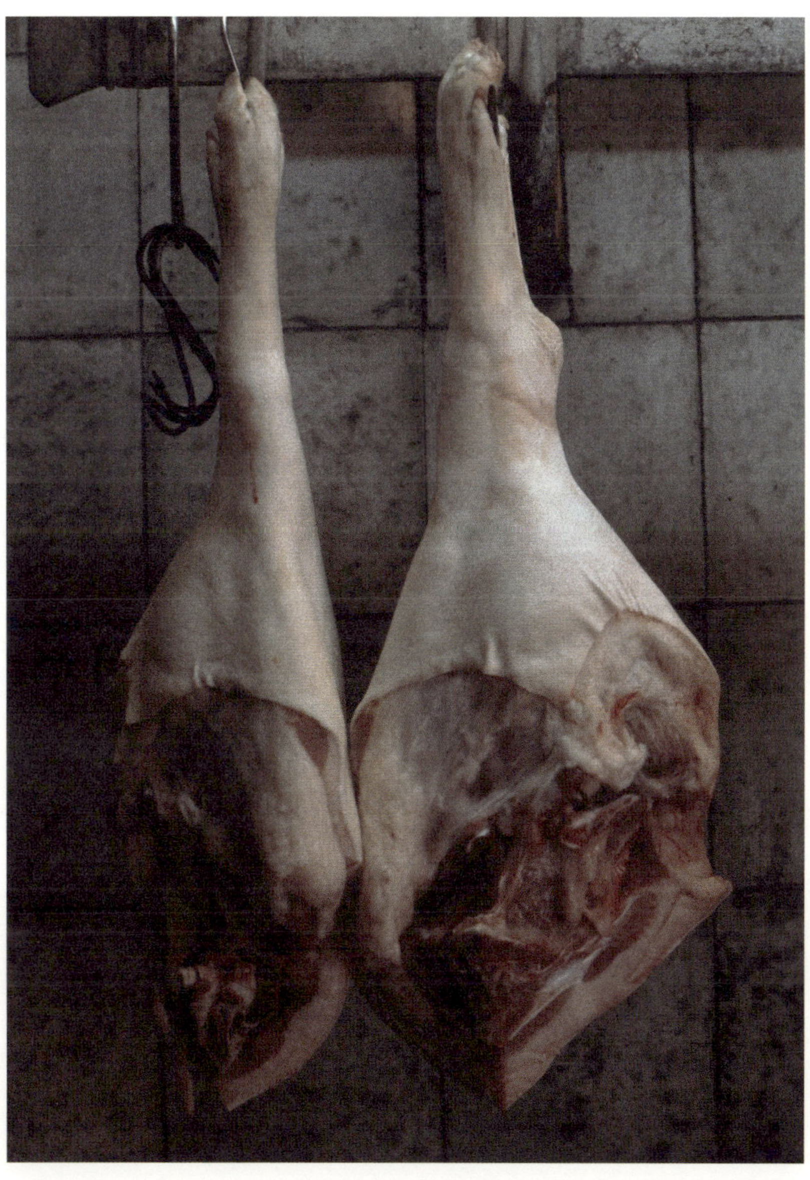

kochen und feiern zu jährlichen festen

Zwei zentrale Anlässe kehrten Jahr für Jahr wieder, bei denen man sich im *Bauhof* für unzählige Gäste so richtig ins Zeug legte – und das jeweils mehrere Tage am Stück: die Kärwa zwei Wochen nach Pfingsten, in Cadolzburg damals noch eine Wirtshauskärwa ohne Festzelt, und die Fisch- und Ganspartie im Oktober. Diese Feste wusste man gebührend zu begehen, und zwar mit einem kulinarischen Reigen, der sich ganz im Takt der fränkischen Tradition bewegte.

braten und bratwurst: die gaststätten-kärwa in cadolzburg

Die maschinengeschriebene Speisekarte verriet, was zur Kirchweih, die am Donnerstagabend begann und bis zum Sonntagabend ging, auf den Teller kam: Schweinebraten, Rinderbraten, Rehbraten, Wildschweinbraten, alle mit Kloß, Blaukraut oder Salat, auch Bratwürste und Saure Zipfel durften nicht fehlen – und wer noch Appetit auf etwas Süßes verspürte, fand sein Glück bei einem »Kärwaküchle« mit Puderzucker. Das Schild, das verkündete, dass der halbe Liter Bier ganze 50 Pfennige kostete, existiert heute noch und löst schnell einmal nostalgische Gefühle aus.

Während die Gäste ausgelassen feierten, waren die Tage für die Frauen und Männer vom *Bauhof* vor und hinter den Kulissen lang und fordernd. Jeden Morgen prüfte man: Ist alles noch in ausreichender Menge da? Haben wir genug Reserven für den zu erwartenden Ansturm? Wenn nicht, hieß es die örtlichen Metzger anrufen, die nicht lange zögerten und bei Bedarf umgehend noch frische Bratwürste machten.
Früh um sechs setzte Nanette bereits die Braten an, und dann ging es ohne Pause rund, bis man schließlich spät in der Nacht noch mit den Bedienungen abrechnete und die Küche wischte. Als dann endlich für ein paar Stunden die Lichter gelöscht wurden, war alles sauber und bereit für den nächsten Tag.

Hand in Hand musste es gehen an diesen Wochenenden. Nanette war für die Fleischzubereitung und die Saucen zuständig. Sie war es gewohnt, aus Erfahrung und nach Gefühl in großen Mengen zu kochen, hatte das richtige Verhältnis der Zutaten im Gespür. Da wurde nicht abgewogen, sondern mit sicherer Hand abgeschätzt: eine Handvoll Salz hier, ein kräftiger Schuss Rotwein dort …

Ihre Mutter machte die Klöße, der Nachschub musste rechtzeitig fertig sein, wenn Nanettes Vater die Portionen auf den Tellern anrichtete, und Tochter Elisabeth kümmerte sich derweil um die Salate. Gut, wenn jeder seinen Aufgabenbereich hatte, genau wusste, was zu tun war – und man sich dabei nicht in die Quere kam.

Sohn Fritz zapfte das Bier vom Fass und schenkte die Getränke aus, und auch Gerlinde und Rudolf, die (Ehe-)Partner von Fritz und Elisabeth wurden in Küche und Service eingespannt. Bei schönem Wetter hatte man draußen einen kleinen Biergarten mit ein paar Tischen, die Gaststube war bis auf den letzten Platz besetzt. Sogar das Büro neben der Küche wurde für den festlichen Anlass mit Stühlen bestückt!

geflügel und karpfen: die fisch- undganspartie

»Fisch- und Ganspartie«, so hieß das zweite große gastronomische Ereignis auf dem *Bauhof*, und jedes Jahr wurden eigens Einladungskarten verschickt. Der Name sagt bereits, was den Gast erwartete: Gans, das hieß eigentlich Gänse- und Entenbraten, von eigenen Tieren, solange der Vorrat reichte, dann wurde zugekauft. Und Fisch, das bedeutete Karpfen aus den Bauhof-Weihern, selbst geschlachtet von Nanettes Vater, die Satzfische hatte man vom Oberle in Kosbach. Den Aischgründer servierte die Küchen-Crew vom *Bauhof* gebacken oder blau, dazu ganz klassisch gemischten Salat mit reichlich Kartoffelsalat als Beilage. Und wenn die eigenen Karpfen gegessen waren, holte man weitere aus der Region. Beim Fisch zählte man auf Nanettes Mutter, gebackener Karpfen war ihre Spezialität, da machte ihr niemand was vor. Nanette übernahm den Geflügel-Part der Partie, konnte doch keine solche Braten und Saucen zaubern wie sie.

Auch hier galt, wie immer, wenn Gäste kamen: schön anziehen und eine frische weiße Schürze umbinden, bevor die Feinschmecker aus der näheren und weiteren Umgebung eintreffen. Darauf legte man im *Bauhof* Wert. Als Zeichen des Respekts für die Besucher der Gaststätte – und als Zeichen dafür, dass hier sauber gearbeitet wurde.

Weich gekochte Eier. Frisch gelegte Eier
schon mit Salz abgerieben in sie-
denden Wasser 4 Min. gekocht heraus-
genommen u. auf Eierbecher servier-
Wachsweiche Eier Kocht man 6-7. Min-
harte Eier: 10- 15 Min. –
Spiegeleier: In einer flachen Pfan-
läßt man etw. Schmalz heiß werd-
schlägt nun sie neben das andere sor-
fältig hinein; salzt und pfeffert
etw. und läßt sie bei mäßiger Hi-
langsam backen bis sich das Wei-
zusammengezogen hat. –
Rühreier: Auf 1 Ei rechnet man
einen Eßlöffel Milch Salz dazugeben gut verrührt etw. frische Butt-
etw. heiß werden lassen die Eier
hineingegeben u. auf schwacher
Hitze unter beständigem hin un-
herrühren bis die Masse zusamm-
gezogen ist. Sorgfältig anrichte-
u. sofort serviert.

In den Weihern in der Nähe des Hofs der Familie lebten stets zahlreiche Enten. Regionaler geht kaum! Traditionell Kartoffelklöße (Rezept S. 237) und Blaukraut (Rezept S. 232) dazureichen.

bauernente

FÜR 4 PERSONEN

1 küchenfertige Bauernente (ca. 2 kg)
3 Zwiebeln
1 Tomate
2 säuerliche Äpfel
Salz und Pfeffer aus der Mühle
gemahlener Ingwer
warmes Salzwasser
1 Bund Beifuß
1–2 TL Speisestärke

Fettpfanne
Bratenschere
feines Küchensieb

Die Enten-Innereien in eine Fettpfanne geben. 2 Zwiebeln schälen und fein hacken. Tomate und Äpfel waschen, Stielansatz bzw. Kerngehäuse entfernen und bis auf 1 Apfelhälfte würfeln. Apfel-, Tomaten- und Zwiebelwürfel in die Fettpfanne geben und auf unterster Schiene in den Ofen schieben. Den Backofen auf 180 °C (Ober-/Unterhitze, keine Umluft) aufheizen.

In der Zwischenzeit das sichtbare Fett der Ente entfernen. Waschen und trocken tupfen. Innen und außen leicht salzen, pfeffern und mit Ingwerpulver einreiben. Die Haut an besonders fetten Stellen mit der Gabel einstechen.

Die Ente mit der dritten Zwiebel und der restlichen Apfelhälfte füllen und auf den Rost über die Fettpfanne in den Backofen schieben. Etwa 1 ½ Stunden braten und dabei mehrmals mit warmem Salzwasser begießen. Nach der Hälfte der Bratzeit den Beifuß in die Fettpfanne geben.

Zum Schluss die Ente herausnehmen und mit einer Bratenschere in Viertel teilen. Die Sauce in einen Topf abseihen und das Fett abschöpfen. Mit der in Wasser angerührten Speisestärke binden, aufkochen und die Sauce abschmecken.

Frische Kirschen und Ente sind ein feines Paar, und Enten gab es in den familieneigenen Weihern von Nanettes Bauhof zur Genüge. Falls die Kirschenzeit schon vorüber ist, lässt sich das Gericht auch mit tiefgekühlten Früchten zubereiten.

entenbrust mit sauerkirschen

FÜR 4 PERSONEN

250 g frische oder TK-Sauerkirschen
2 Entenbrustfilets mit Haut (à 360 g)
Salz und Pfeffer aus der Mühle
2 TL dunkler Balsamicoessig
2 TL brauner Zucker
75 ml Rotwein
175 ml Kirschsaft
2 TL frisch gehackter Estragon
1 TL Speisestärke
30 g kalte Butter

Aluminiumfolie

Die frischen Kirschen waschen, entstielen und entsteinen. Die Haut der Entenfilets rautenförmig einschneiden und das Fleisch salzen und pfeffern.

Filets mit der Hautseite nach unten in eine beschichtete Pfanne legen und 8 Minuten ohne Fett bei mittlerer Temperatur braten. Wenden und von der anderen Seite ebenfalls 8 Minuten bis zur gewünschten Garstufe braten. Das Fleisch herausnehmen, in Alufolie wickeln und ruhen lassen.

Den Bratensatz mit Balsamico ablöschen. Zucker, Wein und Kirschsaft zugeben und die Sauce 3–4 Minuten einkochen lassen. Kirschen und Estragon einrühren. Die Stärke mit etwas kaltem Wasser verquirlen und zusammen mit der Butter in die Sauce rühren. Kurz köcheln lassen und mit Salz und Pfeffer abschmecken. Die Entenbrust in Scheiben schneiden und mit der Kirschsauce servieren.

Dazu »Stopfer« (Kartoffelbrei, S. 238) oder Schupfnudeln servieren und einen grünen Salat reichen.

Ein wahrer Festschmaus, der bei Nanette nur zu besonderen Gelegenheiten serviert wurde. Eine Gans reicht für bis zu acht Personen.

gefüllte gans

FÜR 6–8 PERSONEN

1 küchenfertige Gans (à 3,5 kg)
Salz und Pfeffer aus der Mühle
1 Zwiebel
1 Karotte
Butterschmalz zum Anbraten
2 Stängel Beifuß
1 EL Speisestärke

FÜR DIE FÜLLUNG

6 altbackene Semmeln
etwas Milch
5 Bio-Eier
Salz und Pfeffer aus der Mühle
frisch geriebene Muskatnuss
2 Zwiebeln
2 EL Butterschmalz
1 Bund Petersilie

Küchengarn
Bräter
feines Küchensieb

Die Gans säubern, waschen und trocknen. Innen und außen gut mit Salz und Pfeffer einreiben.

Für die Füllung die Semmeln in Scheiben schneiden, mit Milch begießen und die Eier einarbeiten. Mit Salz, Pfeffer und Muskatnuss würzen. Die Zwiebeln schälen, vierteln und im heißen Fett glasig dünsten. Petersilie waschen, trocken schütteln und fein hacken. Die Semmelmasse zu den Zwiebeln in die Pfanne geben und braten, bis sie trocken ist. Petersilie untermischen und die Gans damit füllen. Mit Küchengarn zunähen.

Den Backofen auf 200 °C (Ober-/Unterhitze, keine Umluft) vorheizen.

Zwiebel und Karotte schälen und würfeln. Die Gans in einem Bräter in heißem Fett rundum anbraten, Zwiebel und Karotte zugeben und so viel kochendes Wasser angießen, bis der Boden etwa 1 cm hoch bedeckt ist.

Die Gans mit der Brust nach unten im heißen Backofen (Mitte) etwa 2 Stunden braten. Dabei mehrmals mit der Bratenflüssigkeit begießen und bei Bedarf heißes Wasser zugeben. Die Gans nach der Hälfte der Garzeit wenden und mit einer Gabel unterhalb der Keulen ins Fleisch stechen, damit das Fett abfließen kann. 30 Minuten vor Ende der Garzeit den Beifuß zugeben.

Die fertige Gans aus dem Bräter nehmen, in Portionen teilen und warm stellen. Das Fett von der Sauce abschöpfen, diese durch ein Sieb passieren. Mit in etwas kaltem Wasser angerührter Speisestärke binden und nochmals abschmecken.

Zur Gans reicht man traditionell Kartoffelklöße (Rezept S. 237) und Blaukraut (Rezept S. 232).

Wenn man den Beifuß zugibt, die Gans mit dunklem Bier bestreichen, dann wird sie besonders knusprig.

„Ach, liebe Kollegin!" ein schallender Kuß | der den Vorgängen ratlos zugesehen hatte. Schließlich wollte Fräulein v. P. ihre Schütz-

Bäuerin's Liebling

Der Herr Gänserich vor dem Schlachttag (Foto: Bafü)

Nanettes Mutter mit der Lieblingsgans

Nanettes Kinderteller

Bei Nanette kam nur Wild aus den Wäldern rund um Cadolzburg auf den Tisch. Dieses Rehgulasch war etwas ganz Besonderes. Das Fleisch zerfällt zum Schluss förmlich, so zart ist es.

rehgulasch

FÜR 4 PERSONEN

500 g Zwiebeln
2 Knoblauchzehen
100 g geräucherter Speck oder Bauch
500 g frische Pilze
100 g Butter
1 EL Sardellenpaste
1 kg Rehgulasch
15 g Wildgewürz
1 Saucenlebkuchen
200 ml Wildfond (aus dem Glas)
200 ml Rotwein von guter Qualität
200 g Sahne oder Sauerrahm (nach Belieben)
1 EL Mehl
frisch gepresster Saft von 1 Orange
1 Prise gemahlener Pfeffer
1 EL Preiselbeeren

Tee-Ei oder Teefilter

Zwiebeln und Knoblauch schälen. Beides mit dem Speck in kleine Würfel schneiden. Die Pilze trocken abreiben, putzen und würfeln.

Die Butter in einem Topf bei mittlerer Temperatur erhitzen. Zwiebeln, Knoblauch und Speck darin andünsten. Pilze, Sardellenpaste und das Fleisch zugeben. Braten, bis das Fleisch rundum gebräunt ist. Das Wildgewürz in das Tee-Ei füllen und mit dem Saucenlebkuchen zum Fleisch geben. Mit Wildfond, Rotwein und derselben Menge Wasser ablöschen.

Das Gulasch abgedeckt 1–1 ½ Stunden köcheln lassen. Dabei gelegentlich umrühren.

Das Tee-Ei mit den Gewürzen herausnehmen. Sahne und Mehl verquirlen und in das Gulasch rühren. Mit Orangensaft und Pfeffer abschmecken und zuletzt die Preiselbeeren unterheben.

Das Fleisch wird durch die Sauce mit Dunkelbier wunderbar zart. Ein zeitaufwendigeres Gericht, bei dem sich das Warten allemal lohnt. Dazu passen Semmel- oder Brezenknödel, Blaukraut (Rezept S. 232), Spätzle (Rezept S. 78) oder Kartoffeln.

wildschwein in dunkelbiersauce

FÜR 4–6 PERSONEN

4 Karotten
2 Zwiebeln
1–1 ½ kg Wildschweinkeule
3–4 EL flüssiger Honig, plus etwas mehr zum Abschmecken
Salz und Pfeffer aus der Mühle
1 l dunkles Bier
1 TL Kümmelsamen
4 Wacholderbeeren
2 Lorbeerblätter
2 EL Bratöl oder Schweineschmalz
Saucenbinder (nach Belieben)

Bräter
Aluminiumfolie
feines Küchensieb

Das Gemüse schälen und grob hacken. Das Fleisch waschen und trocken tupfen. Mit Honig einreiben und mit Salz und Pfeffer würzen. In eine große Schüssel legen und das Bier darübergießen. Die Gewürze hineingeben. Gemüse zufügen und das Fleisch mindestens 1 Tag abgedeckt im Kühlschrank marinieren, dabei mehrfach wenden.

Herausnehmen und gut abtropfen lassen. Den Ofen auf 160 °C vorheizen.

Das Fleisch im Bräter in heißem Öl kräftig von allen Seiten anbraten. Das Gemüse und die Hälfte der Marinade dazugeben und alles stark einkochen. Den Bräter in den vorgeheizten Ofen stellen und 2–3 Stunden schmoren, dabei immer wieder wenden und mit der restlichen Biermarinade übergießen.

Wenn das Fleisch weich ist, herausnehmen, in Alufolie einschlagen und in der Restwärme des ausgeschalteten Ofens ruhen lassen. Den Bratensud mit dem Gemüse durch ein Sieb passieren.

Nach Bedarf mit Saucenbinder abbinden oder mit Bier verflüssigen. Mit Salz, Pfeffer und Honig abschmecken.

Ein beliebtes Gericht, nicht nur in der Jagdsaison, da Kaninchen das ganze Jahr über geschossen werden darf.

kaninchen in weißwein

FÜR 4–6 PERSONEN

1 kg Wildkaninchen oder 2 kg Stallhase
Salz
weißer Pfeffer
50–150 g durchwachsener Speck
4–6 Zwiebeln
1–3 Knoblauchzehen
2 EL Sonnenblumenöl
250–500 ml Weißwein
500 ml Kalbsfond (aus dem Glas)
1 Pck. Wildgewürz (ganz oder gemahlen)
250 g Champignons
150–300 g Sauerrahm
2 EL frisch gehackte Petersilie

Hackbeil
Schmortopf

Das Kaninchen kalt abspülen und trocken tupfen. Mit einem Hackbeil in 8 Stücke teilen und großzügig mit Salz und weißem Pfeffer einreiben. Den Backofen auf 150 °C vorheizen.

Speck und Zwiebeln würfeln, Knoblauch fein hacken. Sonnenblumenöl bei mittlerer Temperatur im Schmortopf erhitzen. Speckwürfel und Kaninchenstücke darin rundum anbraten. Zwiebel- und Knoblauchwürfel zugeben und 2 Minuten sautieren.

Wein und Kalbsfond zugießen und das Wildgewürz einstreuen. Das Kaninchen im heißen Backofen etwa 1 ½ Stunden, Stallhasen etwa 3 Stunden braten.

Die Champignons trocken abreiben, putzen und in Scheiben schneiden. 10 Minuten vor Garzeitende zum Kaninchen geben. Sauerrahm und Petersilie unterheben und alles im Ofen noch 15 Minuten durchziehen lassen.

Aus dem Fleisch aus eigener Schlachtung wurden allerlei Spezialitäten gefertigt und die Innereien wurden entweder zur Schlachtschüssel gereicht (diese besteht noch heute meist aus Blut- und Leberwürsten sowie Kesselfleisch, z. B. Rüssel, Kopffleisch, Niere oder Zunge) oder zu anderen Gerichten verarbeitet, beispielsweise zu Saurer Lunge mit Herz. Dazu passen traditionell Semmelknödel und Preiselbeeren.

saure lunge mit herz

FÜR 4 PERSONEN

Salz
1 Bund Suppengrün
500 g Rinder- oder Schweinelunge
250–300 g Schweineherz
2–3 EL Butter
1 TL Zucker
etwas Mehl
1 Saucenlebkuchen
1 Schuss Essig
2 Lorbeerblätter
1 TL schwarze Pfefferkörner
1 TL Wacholderbeeren
etwas Abrieb von 1 Bio-Zitrone

feines Küchensieb

Einen großen Topf mit kaltem Salzwasser bereitstellen.

Das Suppengrün waschen, putzen und grob zerkleinern. Lunge und Herz gut waschen und alles zusammen in das kalte Wasser geben. Bei kleiner Flamme erhitzen und 1 ½ Stunden köcheln lassen. Sobald das Wasser kocht, die Hitze reduzieren. Den Schaum zwischendurch immer wieder abschöpfen. Die Lunge benötigt etwas weniger Garzeit.

Wenn das Fleisch weich ist, die Lunge von Gefäßen und Knorpeln befreien und in mundgerechte Stücke, das Herz in Streifen schneiden. Fleisch und Kochsud beiseitestellen.

Butter und Zucker in einer Pfanne zerlassen. Mehl hinzufügen und zu einer bräunlichen Schwitze rösten. Mit Fleischsud aufgießen. Den Saucenlebkuchen hacken, zufügen und nach Geschmack mit Essig würzen. Gewürze und etwas Zitronenabrieb hineingeben und die Sauce 20 Minuten köcheln, bis sich der Lebkuchen aufgelöst hat. Alles durch ein Sieb passieren und abschmecken.

Zum Schluss Lunge und Herz nochmals in der Sauce durchwärmen und servieren.

Rezept für breite Küchle
oder Schneeballen

Zutaten: 500 gr. Mehl
80 gr. Butter
1 Prise Salz
3 Eier (davon 2 Eier
nur Dotter)
1/2 - 3/4 Becher
sauren Rahm

Masse miteinander vermengen
Glatten Teig in Rollen formen
Eierbreite große Stücke
abschneiden.
Dünn ausziehen und in
schwimmendem Butterfett
auf beiden Seiten goldgelb
ausbacken. Dabei mit zwei
Holzlöffeln formen.

Hefeteig: 1 kg Mehl Salz bis 1/2 l Mil
20 g Hefe 1-2 Eier 20-100 g Fett 30-50 g Zucker
Backpulverteig 60-80 g Butter 2 Eier 60-80 g
Zucker 1 Pr. Salz 4 Eßl Milch 250 g Mehl
1/2 Backpulver
Mürbteig 1/2 kg Mehl 70 g Zucker 1 Pr. Salz
1/4 kg Butter 2 Eigelb
Biskuitteig 4 Eier 100 g Zucker 120 g Mehl
Brandteig 1/4 l Wasser 1 Pr. Salz 45 g Zuck
150 g Mehl 3-4 Eier

süßspeisen & gebäck

Neben dem Kochen war auch das Backen eine große Leidenschaft von Nanette. Süße Köstlichkeiten wurden vor allem zu festlichen Anlässen wie Kirchweih oder Konfirmation in Hülle und Fülle gebacken: Traditionell gab es dann Küchle oder Zimtrollen – und oft auch jede Menge Kuchen. Einmal die Woche, meist freitags, kam sogar ein süßes Hauptgericht zu Mittag auf den Tisch, wie zum Beispiel Baunzer oder Kirschenmännle. Eines der Lieblingsgerichte der Gäste waren Versoffene Jungfern, eine Mehlspeise in Weißweinsauce, die Nanette zu besonderen Gelegenheiten zubereitete. Für viele Süßspeisen verwendete sie eigenes Obst – Kirschen, Rhabarber, Äpfel oder Zwetschgen –, das sie meist schon im Sommer eingeweckt oder zu Kompott eingekocht hatte.

Der saure Rhabarbergeschmack wird häufig mit Zucker gemildert. Aber es geht auch anders: mit Orangensaft. Er nimmt dem Rhabarber seine Säure und gibt ihm gleichzeitig Süße.

rhabarber mit orange und honig

FÜR 4 PERSONEN

300 g Rhabarber (am besten rotfleischig)
Abrieb und Saft von 1 Bio-Orange
2 EL Honig
400 g Vanillejoghurt zum Servieren

Messbecher

Die Rhabarberstangen waschen, schälen und in 2 cm lange Stücke schneiden. 60 ml Orangensaft abmessen.

Rhabarberstücke, 1 TL Orangenabrieb, Orangensaft, Honig und 2 EL Wasser in einem Topf mischen. Bei mittlerer Hitze zum Köcheln bringen. Dann zugedeckt bei schwacher Hitze 5–8 Minuten garen, bis der Rhabarber weich ist, aber noch nicht zerfällt. Dabei gelegentlich umrühren.

Den Rhabarber in eine Schüssel füllen, etwas abkühlen lassen und 15 Minuten ins Gefrierfach stellen. Regelmäßig behutsam umrühren.

Das abgekühlte Rhabarberkompott und den Vanillejoghurt abwechselnd in 4 Gläser schichten. Sofort servieren.

Für hausgemachten Vanillejoghurt 400 g Naturjoghurt mit dem Mark von 1 Vanilleschote cremig rühren. Mit Zucker oder Honig nach Geschmack süßen und bis zur Verwendung kalt stellen.

Dieser süße Klassiker ist in ganz Süddeutschland und Österreich bekannt – kein Wunder, Zwetschgenknödel sind einfach gut!

zwetschgenknödel

FÜR 4–6 PERSONEN

1 kg mehligkochende Kartoffeln
100–150 g Kartoffelmehl
1 Prise Salz
2 Bio-Eier
1 kg Zwetschgen
Würfelzucker
125 g Butter
Zimtzucker zum Servieren

Kartoffelstampfer

Die Kartoffeln waschen und in der Schale weich kochen. Pellen und heiß durch die Kartoffelpresse auf die Arbeitsfläche drücken. Ausgebreitet gut auskühlen lassen. Anschließend mit Kartoffelmehl, Salz und Eiern mit den Händen zu einem glatten Teig vermengen.

Die Zwetschgen putzen, entsteinen und jede Frucht mit 1 Stück Würfelzucker füllen.

Einen Topf mit Salzwasser zum Kochen bringen. Vom Kartoffelteig kleine Portionen abnehmen, die vorbereiteten Zwetschgen hineindrücken und zu Klößen formen. Die Zwetschgenklößchen in das kochende Wasser geben und 5 Minuten bei niedriger Temperatur ziehen lassen.

In der Zwischenzeit die Butter in einer Pfanne bräunen. Die Knödel aus dem Wasser nehmen und mit brauner Butter und Zimtzucker servieren.

Milch, Brot und Eier waren in jedem bäuerlichen Haushalt vorhanden. Ein Glas eingemachte Kirschen war auch stets vorrätig und so konnte man aus einfachsten Zutaten die besten Gerichte zaubern, wie diese Armen Ritter.

arme ritter mit kirschkompott und honig

FÜR 4 PERSONEN

FÜR DAS KOMPOTT

800 g selbst eingelegte (Sauer-)Kirschen oder Schattenmorellen (aus dem Glas)
4 Gewürznelken
2 EL Vanillepuddingpulver
2 TL Zucker
1 Msp. gemahlener Zimt

FÜR DIE ARMEN RITTER

8 Milchbrötchen
500 ml Milch
4 Bio-Eier
4 Pck. Vanillezucker
3 EL Zucker
etwas Butter zum Anbraten

feines Küchensieb

Für das Kompott die Kirschen abseihen, dabei die Flüssigkeit auffangen. 200 ml davon zusammen mit den Nelken in einem Topf aufkochen. Das Puddingpulver mit 2 EL Kirschsaft anrühren und zugießen. Mit Zucker und Zimt abschmecken. Die Nelken entfernen und die abgetropften Kirschen hineingeben. Den Topf vom Herd nehmen.

Die Brötchen in 1–1 ½ cm dicke Scheiben schneiden. Milch, Eier und beide Zuckersorten verrühren. Die Brötchenscheiben in der Eier-Milch-Mischung wenden und in einer heißen Pfanne in etwas Butter portionsweise goldbraun braten.

Die Armen Ritter noch warm mit dem Kirschkompott servieren.

»Plinsen« sind runde Eierkuchen und dicker als der in Franken verbreitete Pfannkuchen. Durch die Hefe geht der Teig schön auf und wird luftig. Ein echtes Oma-Gericht!

hefeplinsen

FÜR 4–6 PERSONEN

500 ml Milch
½ Würfel frische Hefe
50 g Butter, plus etwas mehr zum Ausbacken
250 g Mehl
50 g Zucker
2 Bio-Eier
Zimtzucker, Konfitüre oder Kompott (Rezept S. 241) zum Servieren

Mehlsieb

Die Milch in einem Topf lauwarm erhitzen. Ein paar EL abnehmen, die Hefe hineinbröckeln und einige Minuten stehen lassen.

Die Butter in einem weiteren Topf zerlassen. Das Mehl in eine Schüssel sieben, Zucker und Eier zugeben. Dann die flüssige Butter, die Hefe-Milch-Mischung sowie die restliche warme Milch zugießen. Alles gut verkneten. Weil der Milchanteil größer ist, wird der Hefeteig flüssiger als gewohnt. Abgedeckt 30 Minuten gehen lassen.

Anschließend wie Pfannkuchenteig portionsweise in einer Pfanne in etwas Fett goldbraun ausbacken. Die Hefeplinsen nach Belieben mit Zimtzucker, Konfitüre oder Kompott servieren.

Diese knusprig gebackenen Kartoffelrösti sind ein echter Gaumenschmaus. Mit Apfelmus und Zimtzucker servieren.

baggers
(kartoffelrösti)

FÜR 4 PERSONEN

1 kg mehligkochende Kartoffeln
Salz
etwas geriebene Muskatnuss
1 Bio-Ei
Butterschmalz zum Ausbacken

Kartoffelreibe oder Küchenreibe

Eine Schüssel mit einem sauberen Küchentuch auslegen. Die Kartoffeln schälen, waschen und mit einer Kartoffelreibe auf das Küchentuch raspeln. Das Tuch an den vier Ecken zusammenfassen, zu einem Bündel drehen und die Flüssigkeit kräftig mit den Händen herausdrücken. Die Masse sollte möglichst trocken sein. Das Kartoffelwasser in der Schüssel auffangen und 10 Minuten stehen lassen, damit sich die Stärke absetzen kann. Anschließend das Wasser vorsichtig abgießen, sodass die Stärke am Schüsselboden zurückbleibt.

Die Kartoffelraspel mit der Stärke vermengen und mit Salz sowie etwas Muskatnuss würzen. Das Ei einarbeiten. Sollte der Teig sehr flüssig sein, nur das Eigelb verwenden.

Ausreichend Fett in einer Pfanne erhitzen. Mit einem Löffel beliebig große Kartoffelplätzchen abstechen, in die Pfanne geben, flach drücken und von beiden Seiten goldbraun backen.

Küchle gibt es in katholischer und evangelischer Ausführung: Die katholischen sind sogenannte »Knieküchle«, die rund sind, in der Mitte hauchdünn ausgezogen werden und einen dicken Rand haben. Die evangelische Version von Nanette ist rechteckig und geht im heißen Fett zu luftigen Kissen auf. Sie wurden zu besonderen Feiertagen oder zur Kirchweih gebacken.

kirchweih-küchle

ERGIBT 50–60 STÜCK

500 ml fettarme Milch
1 kg Mehl, plus etwas mehr zum Arbeiten
2 Würfel frische Hefe
1 Pck. Vanillezucker
80 g weiche Butter
80 g Zucker
Abrieb von 1 Bio-Zitrone
etwas Salz
1 Bio-Ei
2 Bio-Eigelb
2 EL Arrak
Butterschmalz zum Ausbacken
Puderzucker zum Bestäuben

Mehlsieb
Küchenthermometer
Schaumlöffel

Die Milch lauwarm erhitzen. Das Mehl in eine Schüssel sieben und eine Mulde formen. Die Hefe hineinbröckeln und mit Vanillezucker, ein wenig Milch sowie etwas Mehl grob vermischen. Warten, bis sich die Hefemasse verdoppelt hat. Währenddessen Butter, Zucker, Zitronenabrieb und Salz auf dem Mehlrand verteilen.

Die Hefemasse mit übriger Milch, Ei, Eigelben und Arrak vermengen, mit dem restlichen Mehl vermischen und zu einem glatten Teig verkneten. Den Hefeteig abgedeckt über Nacht oder mindestens 30 Minuten gehen lassen.

Den Teig mit Mehl bestäuben und ½–1 cm dick ausrollen. In Quadrate schneiden und die Küchle nochmals 15 Minuten abgedeckt gehen lassen.

Ausreichend Butterschmalz in einem breiten Topf auf 170 °C erhitzen. Die rohen Küchle nacheinander ins heiße Fett gleiten lassen und immer wieder mit Fett übergießen, damit sie aufgehen. Sobald die Unterseite braun ist, die Küchle wenden.

Die goldbraunen Küchle mit einem Schaumlöffel herausheben und auf Küchenpapier abtropfen. Auskühlen lassen und vor dem Servieren mit Puderzucker bestäuben.

Dieser süße Auflauf ist eine gute Möglichkeit, Semmeln vom Vortag zu verarbeiten. Zusammen mit dem säuerlichen Obst ergibt dieses Gericht eine wunderbare Nachspeise wie aus Omas Küche.

scheiterhaufen

FÜR 6–8 PERSONEN

30 g Butter, plus etwas mehr für die Form
5 Semmeln vom Vortag
250 ml Milch
2 Bio-Eier
Abrieb von 1 Bio-Zitrone
etwas gemahlener Zimt
1 Pck. Vanillezucker
2 Birnen (z. B. Williams Christ oder Forelle)
2 säuerliche Äpfel (z. B. Braeburn oder Boskop)
50 g Sultaninen
4 EL Zucker

Auflaufform

Den Backofen auf 180 °C vorheizen. Die Auflaufform fetten.

Die Semmeln in dünne Scheiben schneiden. Milch und Eier in einer Schüssel verquirlen. Zitronenabrieb, Zimt und Vanillezucker einstreuen, dann die Semmeln dazugeben und gut vermengen. Die Hälfte der Semmelmischung in die Form füllen.

Birnen und Äpfel schälen, entkernen und in dünne Scheiben schneiden. Mit Sultaninen und Zucker mischen und in der Auflaufform verteilen. Mit der übrigen Semmelmischung bedecken.

Die Butter in einem Topf zerlassen und über die Semmeln träufeln. Den Scheiterhaufen auf der mittleren Schiene 45–50 Minuten im Ofen goldbraun backen.

Wenn Nanette noch Semmeln vom Vortag übrig hatte, machte sie gerne Versoffene Jungfern – eines der Lieblingsdesserts ihrer Kinder. Die Teigspatzen werden in Weißwein getränkt und zu Weinschaumsauce gegessen. Omas Resteverwertung vom Feinsten!

versoffene jungfern in weinschaum

FÜR 4 PERSONEN

7 Bio-Eigelb
100 g Zucker
4 EL Mehl
1 Prise Salz
Abrieb und Saft von ½ Bio-Zitrone
5 Bio-Eiweiß
Butterschmalz zum Ausbacken
etwas trockener Weißwein zum Tränken

FÜR DIE WEINSCHAUMSAUCE

250 ml trockener Weißwein
2 EL Zucker
2 Bio-Eigelb

FÜR DIE GARNIERUNG

Puderzucker
abgeriebene Schale von 1 Bio-Zitrone

Handrührgerät

Eigelb und Zucker schaumig rühren. Mit Mehl, Salz, Zitronenschale und -saft vermischen. Das Eiweiß zu steifem Schnee schlagen und unterheben. Mit einem Esslöffel Schiffchen abstechen und in das nicht zu heiße Butterschmalz geben. Den Schiffchen einen kleinen Stoß versetzen, damit sich ein Rändchen bildet. Von jeder Seite etwa 2 Minuten goldgelb backen, dann herausheben und auf Küchenpapier abtropfen lassen.

Für die Weinschaumsauce alle Zutaten in einen Topf oder eine Schüssel geben und unter kräftigem Schlagen auf dem Herd oder über dem heißen Wasserbad zu einer dickschaumigen Sauce aufschlagen. Die Sauce in vier tiefe Teller umfüllen, die Jungfern kurz in Wein tauchen und hineinsetzen. Mit Puderzucker und Zitronenschale bestreuen und sofort servieren.

Wenn die Tage kürzer werden und die Adventszeit näher rückt, sind süß-säuerliche Bratäpfel genau das Richtige. Sollten Kinder mitessen, den Orangenlikör einfach weglassen.

bratäpfel mit marzipan und orangenlikör

FÜR 4 PERSONEN

4 große säuerliche Äpfel (z. B. Boskop)
etwas Zitronensaft
50 g Walnusskerne
150 g Rohmarzipan
40 g Sahne
½ TL gemahlener Zimt
½ TL Anis
4 cl Orangenlikör (nach Belieben)

Apfelentkerner
Kugelausstecher

Den Backofen auf 180 °C (Umluft) vorheizen. Die Äpfel waschen und das Kerngehäuse mit dem Apfelentkerner entfernen. Von den Kerngehäusen jeweils Blüten- und Stielansatz abschneiden und beiseitestellen.

Mit einem kleinen Kugelausstecher die Höhlen des Apfels kegelförmig erweitern, danach mit Zitronensaft ausschwenken.

Die Walnusskerne hacken, das Marzipan zerkleinern und beides mit Sahne, Zimt und Anis verkneten. Anschließend in die Äpfel verteilen. Die Äpfel mit den »Deckeln« verschließen und auf ein Backblech setzen. Im Ofen auf der zweiten Schiene von unten 25 Minuten braten.

Die Äpfel auf vier vorgewärmte Teller setzen und die heißen »Deckel« vorsichtig mit zwei Löffeln abheben. Nach Belieben jeden Apfel mit 1 cl Orangenlikör übergießen, »Deckel« wieder aufsetzen und servieren.

Milch bekam Nanette von ihren Kühen, von denen sie zwar nur eine Handvoll hatte, die aber genug Milch gaben, um die Familie zu versorgen. Quark und Sahne waren so schnell selbst zubereitet.

reis-quark-auflauf

FÜR 4 PERSONEN

Fett für die Form
100 g Butter
2 Bio-Eier
125 g Zucker
1 Pck. Vanillezucker
500 g Quark
500 ml Milch
150 g Milchreis
Apfelmus (Rezept S. 244) oder Zwetschgenkompott (Rezept S. XY) zum Servieren

Auflaufform

Den Backofen auf 180 °C vorheizen.

Die Auflaufform fetten. Butter, Eier, Zucker und Vanillezucker in einer Schüssel schaumig rühren. Quark und Milch zugeben und den Milchreis unterheben. Die Reismasse in die Form füllen und im heißen Backofen 75 Minuten backen.

Nach Belieben mit Apfelmus oder Kompott servieren.

Aus mehligkochenden Kartoffeln, Äpfeln und Zwiebeln entstehen die fränkischen Baunzer, eine Art Kroketten, die außen knusprig und innen weich sind. Dazu selbst gemachtes Apfelmus servieren.

baunzer

(kartoffelnudeln)

FÜR 4 PERSONEN

300 g mehligkochende Kartoffeln
Salz
1 Zwiebel
2 Äpfel
2 Bio-Eier
1 Prise Zucker
etwa 150 g Mehl, plus etwas mehr zum Wenden
4 EL Butterschmalz
Apfelmus zum Servieren (Rezept S. 244)

Kartoffelpresse oder Kartoffelstampfer
große Auflaufform oder Fettpfanne

Die Kartoffeln waschen und in kochendem Salzwasser je nach Größe 25 Minuten garen. Abgießen und ausdampfen lassen. Die Knollen pellen und durch die Kartoffelpresse drücken.

Zwiebel schälen und fein würfeln. Äpfel schälen, vierteln und das Kerngehäuse entfernen. In feine Würfel schneiden. Mit den Eiern zur Kartoffelmasse geben. Mit Salz und Zucker abschmecken und verkneten. So viel Mehl unter den Kartoffelteig mengen, bis er sich gut von den Händen löst. Aus dem Teig fingerlange Röllchen formen und in etwas Mehl wenden.

Den Backofen auf 160 °C vorheizen.

2 EL Butterschmalz in einer Pfanne bei mittlerer Temperatur erhitzen und die Baunzer darin von allen Seiten kurz anbräunen. Nebeneinander in eine große Auflaufform legen. Das restliche Schmalz in der Pfanne schmelzen und die Baunzer damit bestreichen. Im heißen Backofen mittig 30 Minuten backen.

Ein kleiner, feiner Gruß aus Nanettes Obstgarten. So einfach, so gut!

gefüllte zwetschgen

FÜR 4 PERSONEN ALS VORSPEISE

etwa 20 Zwetschgen
150 g Frischkäse
2 EL Zwetschgenschnaps
Pfeffer aus der Mühle
Mandelblättchen

Spritzbeutel mit Lochtülle

Die Zwetschgen waschen, putzen und auf einer Seite längs aufschneiden. Die Früchte aufklappen und entsteinen.

Den Frischkäse in einer Schüssel mit Zwetschgenschnaps glatt rühren und mit Pfeffer würzen. Die Creme in den Spritzbeutel füllen und in die Zwetschgen verteilen. Die Früchte wieder leicht zusammenklappen und mit Mandelblättchen garnieren.

Dieses Dessert war häufig der krönende Abschluss eines sommerlichen Menüs, manchmal auch im Garten serviert. Die Creme lässt sich gut vorbereiten. Vor dem Servieren dann nur noch anrichten.

stachelbeercreme

FÜR 4 PERSONEN

400 g Stachelbeeren
100 ml trockener Weißwein
50 g Zucker
250 g Quark
2 EL frisch gepresster Zitronensaft
200 g Sahne

Pürierstab
feines Küchensieb
Handrührgerät

Die Beeren verlesen, waschen und abtropfen lassen. Stiel- und Blütenansätze abknipsen.

Beeren, Wein und 2 EL Zucker aufkochen. Vom Herd nehmen und ein Viertel der Beeren mit 5 EL Kochsud abnehmen und beiseitestellen.

Die restlichen Beeren samt Kochsud fein pürieren und durch ein Sieb in eine Schüssel abseihen. Abkühlen lassen.

Den Quark in eine zweite Schüssel geben und das Stachelbeerpüree mit dem restlichen Zucker und dem Zitronensaft unterrühren. Die Sahne steif schlagen und unterziehen.

Die Creme auf vier Dessert-Gläser verteilen und 1 Stunde kühl stellen. Vor dem Servieren die restlichen Beeren darauf verteilen.

Der Bauhof hatte einige Sauerkirschbäume. Sobald die roten Früchte reif waren, stellte sich jedes Jahr aufs Neue die Frage: Wohin nur mit den ganzen Kirschen? Nanettes Antwort darauf: einlegen. So bekommen die sauren Kirschen ein wunderbares Aroma und versüßen das restliche Jahr, z. B. im Cocktail mit Sekt aufgefüllt, zum Dessert, als Backzutat oder einfach pur genascht.

amaretto-kirschen

ERGIBT 6–7 EINMACHGLÄSER À 340 ML FASSUNGSVERMÖGEN

1,5 kg Sauerkirschen
1 Bio-Zitrone
500 g Krümel-Kandiszucker
1 ½ Vanilleschoten
250 ml Mandellikör (z. B. Amaretto)
250 ml Rum

Kirschenentkerner
Zestenreißer
Steingut-Schüssel
Einmachgläser mit Deckel

Die Kirschen verlesen, waschen, entstielen und mit einem Kirschenentkerner entsteinen. Die Zitrone heiß abwaschen und abtrocknen. Schale mit einem Zestenreißer abziehen und die Frucht auspressen. Kirschen, Zitronenschale, Zitronensaft und Zucker in einer Steingut-Schüssel vermischen.

Die Kirschen zugedeckt über Nacht an einen kühlen Ort stellen. Am nächsten Tag sollte sich der Kandiszucker ganz aufgelöst haben.

Die Vanilleschoten längs halbieren und in mehrere 1–2 cm große Stücke zerteilen. Schotenstücke gleichmäßig auf die Schraubgläser verteilen. Die Kirschen in die Gläser füllen und den Saft darüber verteilen. Likör und Rum vermischen und über die Kirschen gießen.

Die Gläser fest verschließen und kühl und dunkel aufbewahren. So sind sie etwa 6 Monate haltbar. Vor dem Servieren mindestens 3 Wochen durchziehen lassen.

Vanilleeis, -pudding oder -creme dazuservieren. Auch Pannacotta passt wunderbar.

»Wann gibts denn endlich wieder Kirschenmännle?«, fragten Nanettes Kinder und Enkelkinder oft, wenn wieder Kirschenzeit war. Der fruchtige Auflauf gehört in Franken einfach zur Kirschernte dazu. Häufig wird das Familienrezept von Generation zu Generation weitergereicht.

fränkisches kirschenmännle

FÜR 4–6 PERSONEN

1 kg Herzkirschen oder eine andere Sorte Süßkirschen
6 altbackene Semmeln
375 ml Milch
125 g weiche Butter, plus etwas mehr für die Form
5 Bio-Eier
125 g Zucker
1 Prise Salz
½ TL Zimt
100 g Mandelblättchen
Vanillesauce zum Servieren (Rezept S. 240)

Kirschenentkerner
Auflaufform
Handrührgerät

Die Kirschen verlesen, waschen, entstielen und mit dem Kirschenentkerner entsteinen. Beiseitestellen. Die Semmeln in feine Scheiben oder Würfel schneiden und in eine Schüssel geben. Milch leicht erwärmen und darübergießen. Kurz quellen lassen.

Inzwischen den Backofen auf 180 °C vorheizen. Eine Auflaufform mit Butter ausstreichen.

Die Eier trennen. Die Butter mit 100 g Zucker schaumig schlagen. Eigelbe, Salz und Zimt unter die Buttermasse rühren. Eingeweichte Semmeln, Mandelblättchen und Kirschen nacheinander unterheben.

Das Eiweiß mit dem restlichen Zucker sehr steif schlagen. Den Eischnee behutsam unter die Semmelmasse ziehen. Den Kirschenteig in die vorbereitete Auflaufform füllen und in der Ofenmitte 50–60 Minuten backen. Warm oder kalt mit Vanillesauce servieren.

Dieses Rezept hat Nanette aus dem Familienurlaub in Italien mitgebracht. Tiramisu, ob als Dessert oder zur Kaffeetafel, mögen alle gerne – besonders mit frischen Erdbeeren. Essen Kinder mit, statt Likör Orangensaft verwenden.

erdbeer-tiramisu

FÜR 4 PERSONEN

500 g Erdbeeren
ca. 500 g Mandelkekse (z. B. Cantuccini), je nach verwendeter Größe der Form
40 ml frisch gepresster Orangensaft
40 ml Orangenlikör (z. B. Cointreau)
Puderzucker zum Bestäuben
Kakao zum Bestäuben

FÜR DIE CREME

600 g Sahne
500 g Naturjoghurt
250 g Crème fraîche

flache Auflaufform
Handrührgerät
Frischhaltefolie

Die Erdbeeren verlesen, behutsam waschen und abtropfen lassen. Früchte entkelchen und halbieren.

Die Auflaufform mit den Keksen auslegen. Orangensaft und Orangenlikör mischen und über die Kekse träufeln. Die Erdbeerhälften dicht an dicht darauflegen. Das Ganze dick mit Puderzucker bestäuben.

Für die Creme die Sahne steif schlagen. Joghurt und Crème fraîche verrühren und die Schlagsahne unterheben. Die Creme gleichmäßig auf die gezuckerten Beeren streichen.

Die Form mit Frischhaltefolie abdecken und mindestens 8 Stunden, besser über Nacht, im Kühlschrank durchziehen lassen. Zum Servieren mit Kakao bestäuben.

Espresso oder ein Tässchen Kaffee dazureichen.

Die knusprig ausgebackenen Holunderblüten werden frisch von den Holundersträuchern geerntet. Eine altbekannte Süßspeise, die man heutzutage nicht mehr allzu oft findet.

hollerküchle

FÜR 4 PERSONEN

10–12 frische Holunderblütendolden
2 Bio-Eier
200 g Mehl
1 Prise Salz
125–250 ml Milch
1 EL Sonnenblumenöl, plus etwas mehr zum Ausbacken
Zimtzucker zum Bestreuen

Handrührgerät

Die Holunderblüten waschen und abtropfen lassen. Den Stiel nicht entfernen, er dient später als Griff zum Eintauchen in Teig und Fett.

Die Eier trennen, das Eiweiß zu steifem Schnee schlagen und beiseitestellen. Eigelb, Mehl, Salz, Milch und Öl zu einem dickflüssigen Teig verrühren. Den Eischnee vorsichtig unterheben.

In einer Pfanne reichlich Öl erhitzen. Die Holunderblüten am Stiel greifen und in den Backteig tauchen. Im heißen Fett schwimmend ausbacken. Die Hollerküchle auf Küchenpapier abtropfen lassen und mit Zimtzucker bestreut servieren.

Ein Blech voll Glück und ein feiner Kuchen für alle, die in der Rhabarberzeit Geburtstag haben.

rhabarberkuchen mit baiser

ERGIBT 20 STÜCKE

FÜR DEN BODEN

250 g kalte Butter, plus etwas mehr zum Fetten
500 g Mehl, plus etwas mehr zum Arbeiten
½ Pck. Backpulver
150 g Zucker
1 Prise Salz
Milch nach Bedarf

FÜR DEN BELAG

2 kg Rhabarber
6 Bio-Eigelb
200 g Zucker
80 g gemahlene Haselnüsse, Mandeln oder Kokosflocken

FÜR DAS BAISER

6 Bio-Eiweiß
180 g Zucker
etwa 100 g Mandelblättchen zum Bestreuen

Klarsichtfolie
Handrührgerät
Teigrolle

Für den Boden die Butter in Stückchen teilen. Mehl, Backpulver, Zucker, Salz und die Butterstückchen rasch zu einem glatten Teig verkneten. Bei Bedarf etwas Milch untermengen. Den Teig in Klarsichtfolie wickeln und 20 Minuten kühl stellen.

Für den Belag die Rhabarberstangen waschen, schälen und in Stücke schneiden. Eigelbe und Zucker dickschaumig schlagen. Die Nüsse einrühren und die Rhabarberstücke unterheben.

Den Backofen auf 180 °C vorheizen und ein Backblech fetten. Den Teig auf der bemehlten Arbeitsfläche auf die Größe des Blechs ausrollen und darauf platzieren. Die Rhabarbermasse gleichmäßig aufbringen. Den Kuchen in der Ofenmitte 30 Minuten backen.

Inzwischen für das Baiser die Eiweiße steif schlagen. Dabei den Zucker esslöffelweise zugeben.

Den Kuchen aus dem Ofen nehmen. Das Baiser wolkenartig mit einem Löffel darauf verstreichen und mit den Mandelblättchen bestreuen. Den Kuchen nochmals 15 Minuten backen.

Waren noch Semmeln vom Vortag da, bereitete Nanette oft Bettelmann zu. Semmeln, Milch, Zucker und klassischerweise Äpfel ergeben dann einen einfachen, aber köstlichen Nachtisch oder eine süße Hauptspeise.

bettelmann

FÜR 6 PERSONEN

6 altbackene Semmeln
400 ml Milch
40 g Zucker
30 g Butter
500 g säuerliche Äpfel (z. B. Boskop)
Fett für die Form

FÜR DIE QUARKMASSE

3 Bio-Eier
500 g Quark
1 Pck. Vanillezucker
30 g Zucker
1 Prise Salz
1 Pck. Vanillepuddingpulver
Saft von 1 Zitrone
einige Butterflöckchen
Vanillesauce zum Servieren (Rezept S. 240)

Auflaufform
Handrührgerät

Die Semmeln in große Würfel schneiden und in eine Schüssel geben. Die Milch aufkochen, mit Zucker und Butter vermischen und über die Semmeln gießen. 15 Minuten durchziehen lassen.

Die Äpfel schälen, halbieren, Kerngehäuse entfernen und in dünne Scheiben schneiden. Unter die Semmelmasse heben. Den Backofen auf 200 °C vorheizen und die Auflaufform fetten.

Für die Quarkmasse die Eier trennen. Eigelbe, Quark, Vanillezucker, Zucker, Salz, Puddingpulver und Zitronensaft verrühren. Das Eiweiß zu steifem Schnee schlagen und unterheben. Die Hälfte der Semmel-Apfel-Masse in die Form füllen und die Quarkmischung darübergeben. Dann restliche Semmelmasse darauf verteilen und mit Butterflöckchen bestreuen. Den Auflauf 45–50 Minuten backen.

Dazu schmeckt Vanillesauce.

»Madla mogst an Apfelkrapfen, ja mei Madla des wär recht …«, heißt es in einem fränkischen Kirchweihlied, das Nanettes Sohn Fritz immer gerne trällert. Die knusprig ausgebackenen Apfelküchle schmecken als süßes Hauptgericht oder Dessert zu jeder Jahreszeit.

apfelküchle

FÜR 4 PERSONEN

200 g Mehl
2 Bio-Eier
2 EL Öl
125 ml Milch
125 ml Bier oder Mineralwasser
1 Prise Salz
1 EL Zucker
1 kg säuerliche Äpfel (z. B. Boskop)
Butterschmalz zum Ausbacken
Zimtzucker zum Bestreuen

Mehlsieb
Apfelentkerner
Handrührgerät

Das Mehl in eine Schüssel sieben. Die Eier trennen. Eigelbe, Öl, Milch, Bier, Salz und Zucker zum Mehl geben. Alles rasch zu einem glatten Teig verrühren. Den Teig an einem warmen Ort 1 Stunde quellen lassen.

Die Äpfel schälen, das Kerngehäuse mit einem Apfelentkerner herausstechen und in 1 cm dicke Scheiben schneiden. Das Eiweiß steif schlagen und behutsam unter den Teig heben.

In einer Pfanne mit hohem Rand reichlich Butterschmalz erhitzen. Die Apfelringe einzeln mit einer Gabel durch den Backteig ziehen. Sofort im heißen Schmalz schwimmend knusprig goldbraun ausbacken. Dabei einmal wenden. Herausnehmen und auf Küchenpapier abtropfen lassen.

Die heißen Apfelküchle mit Zimtzucker bestreuen und sofort servieren.

Dazu hausgemachte Vanillesauce (Rezept S. 240) oder Vanilleeis servieren – oder pur genießen.

Der »Blootz« oder »breite Kuchen« war ursprünglich rund. Nanette ließ ihn oft im großen Backofen der örtlichen Bäckerei backen.

apfelblootz

ERGIBT 20 STÜCKE

500 g Mehl
¾ Würfel Hefe (etwa 30 g)
250 ml lauwarme Milch
80 g Butter, plus etwas mehr zum Ausfetten
2 Bio-Eier
50 g Zucker
½ TL Salz

FÜR DEN BELAG

1 kg Äpfel
150 g gehackte Mandeln
50 g Zucker
½ TL Zimt

Mehlsieb
Teigrolle

Das Mehl in eine Schüssel sieben und eine Mulde hineindrücken. Die Hefe in der Milch auflösen. In die Mulde gießen und mit wenig Mehl zu einem Vorteig verrühren. Abgedeckt an einem warmen Ort 15 Minuten gehen lassen.

Die Butter schmelzen. Zusammen mit Eiern, Zucker und Salz zum Vorteig geben. Alles zu einem glatten Teig verkneten und nochmals abgedeckt 30 Minuten gehen lassen. In der Zwischenzeit ein Backblech fetten.

Für den Belag die Äpfel waschen, vierteln, Kerngehäuse entfernen und in Spalten schneiden. Den Teig auf dem Blech ausrollen und in dichten Reihen dachziegelartig mit den Äpfeln belegen. Mit Mandeln bestreuen. Den Kuchen nochmals 15 Minuten gehen lassen und den Backofen in der Zwischenzeit auf 200 °C vorheizen. Den Apfelblootz in der Ofenmitte 20–30 Minuten backen. Herausnehmen, Zucker und Zimt mischen und auf den warmen Kuchen streuen.

Frisch gebrühten Kaffee dazuservieren. Manchmal wird der Apfelblootz auch mit Streuseln gebacken. Dafür 400 g Mehl, 200 g weiche Butter, 200 g Zucker und 1 Pck. Vanillezucker mit den Fingern zu Streuseln verreiben. Anstelle der Mandeln auf den Äpfeln verteilen und wie beschrieben backen.

Der Kuchen ist im Handumdrehen zubereitet. Ganz nach Saison schmeckt er auch mit anderen Beeren oder Früchten. Wenn man keine rechteckige Form besitzt, eignet sich auch eine große Springform.

himbeerkuchen

ERGIBT 12 STÜCKE

125 g Butter
300–400 g Himbeeren
4 Bio-Eier
150 g Zucker
abgeriebene Schale von 1 Bio-Zitrone
150 g Mehl
1 TL Backpulver
Mandelblättchen zum Bestreuen
Puderzucker zum Bestäuben

rechteckige Backform (etwa 20 x 30 cm) oder Springform (28–30 cm Ø)
Handrührgerät
Teigspatel
Mehlsieb

Den Backofen auf 180 °C vorheizen. Die Backform mit Backpapier auslegen.

Butter in der Mikrowelle oder einem kleinen Topf zerlassen. Die Himbeeren verlesen und nur bei Bedarf behutsam waschen und trocken tupfen. Eier trennen.

Das Eiweiß steif schlagen und beiseitestellen. Die Eigelbe mit Zucker und Zitronenschale dickschaumig schlagen. Flüssige Butter einrühren. Den Eischnee auf die Eigelbmasse gleiten lassen. Mehl und Backpulver mischen und darübersieben. Alles behutsam mit einem Teigspatel unterheben.

Den Teig in die Form füllen und die Himbeeren darauf verteilen. Mit Mandelblättchen bestreuen und in der Ofenmitte 25–30 Minuten backen. Leicht abgekühlt aus der Form lösen. Mit Puderzucker bestäubt servieren.

Dazu Schlagsahne oder Eis reichen.

grundrezepte

Nanette hatte eine große Speisekammer mit unzähligen Einmachgläsern und eine der ersten elektrischen Tiefkühltruhen des Ortes. Ihren Lehrlingen brachte sie die Haltbarmachung von Lebensmitteln bei und pflegte einen nachhaltigen und wertschätzenden Umgang mit den Erzeugnissen aus der Natur. Äpfel wurden zu Apfelmus und sämtliche Beeren zu Konfitüre eingekocht, Holunderbeeren verarbeitete man zu Sirup und überschüssiges Gemüse zu körniger Gemüsebrühe.
Es wurde alles frisch zubereitet: Kartoffelklöße kamen nicht aus der Packung, sondern wurden aus rohen und gekochten Kartoffeln aufwendig selbst hergestellt. Für das Sauerkraut musste der Weißkohl erst gehobelt und in einem großen Fass Schicht für Schicht eingestampft werden und dann einige Zeit fermentieren. Aber die Zeit, die die Familie hierfür investierte, schmeckte man auch – und es gab den ganzen Winter über frisches Sauerkraut.

Dieses Brot wurde immer mit einem besonderen Roggenmehl gebacken, dem sogenannten »Römischen Mehl«. Bei Familie Herz gab es dieses immer zu »Beffsteck« (Rezept S. 160) oder auch zu besonderen Feiertagen im Jahr. Den Teig formte Nanette zu riesigen Laiben und brachte sie zum örtlichen Bäcker, um sie dort im Holzofen knusprig backen zu lassen. Ihre Kinder schwärmen noch heute von diesem besonderen Brot.

römisch brot

FÜR 1 KG BROT

FÜR DEN VORTEIG

200 g Roggenmehl (Type 1150)
30 g Roggensauerteig

FÜR DEN HAUPTTEIG

600 g Weizenmehl (Type 1050)
200 g Roggenmehl (Type 1150)
1 Portion Vorteig
20 g Salz
10 g Frischhefe
15 g flüssiges Malz
15 g gemahlener Kümmel
Kümmelsamen zum Bestreuen (nach Belieben)

Küchenthermometer

Für den Vorteig das Mehl auf die Arbeitsfläche geben und in der Mitte eine Mulde formen. 200 ml lauwarmes Wasser und den Sauerteig zugeben und alles zu einem glatten Teig verkneten. Abgedeckt 14–16 Stunden oder über Nacht gehen lassen.

Die Mehle für den Hauptteig mischen und auf die Arbeitsfläche geben. In der Mitte eine Mulde formen, die restlichen Zutaten bis auf die Kümmelsamen dazugeben und 8–9 Minuten kräftig mit den Händen verkneten. Den Teig an einem warmen Ort abgedeckt 30 Minuten gehen lassen.

Den Teig nach Belieben zu einem großen oder zwei kleineren länglichen Laiben (Kipfen) formen und nochmals abgedeckt 1 Stunde gehen lassen.

Den Ofen auf 250 °C vorheizen. Die Laibe mit etwas Wasser bepinseln und nach Belieben mit Kümmelsamen bestreuen. Je nach Größe 50–60 Minuten goldbraun backen. Wenn das Brot eine Kerntemperatur von 98 °C erreicht hat, ist es fertig gebacken. Es kann dann für eine knusprigere Kruste noch etwas länger im Ofen bleiben.

Hans, Fritz und Elisabeth Herz

»Bratwöschd mit Kraut« war das Standardgericht im »Bauhof«, das es auch bei kalter Küche am Sonntagabend gab. Die Bratwürste kamen aus eigener Schlachtung. Nanette bereitete immer so viele zu, dass montags noch zig Würste übrig waren. Ihre Kinder nahmen sie dann immer aus dem großen Topf, in dem sie aufbewahrt wurden, halbierten sie und legten sie auf ihre Pausenbrote. Und wenn die Würste gar nicht weniger wurden, legte Nanette sie sogar als Belag auf ihre berühmte »Pizza«, auf der alles landete, was noch übrig war. Dieses selbst gemachte Sauerkraut ist eine Delikatesse und hält jedem Vergleich mit Sauerkraut vom Fass stand. Es ist ohne viel Mühe und großen Zeitaufwand im Nu angesetzt.

Fritz und Elisabeth mit ihrem »Suggerla« (Ferkel)

fränkisches sauerkraut

FÜR 4–6 PERSONEN ALS BEILAGE

1 kg Weißkohl
1 TL Salz
15 Wacholderbeeren
3 Lorbeerblätter

Küchenmaschine
1 großes Einmachglas mit Glasdeckel mit 1 l oder 2 kleinere mit 500 ml Fassungsvermögen
Stein oder anderer schwerer Gegenstand zum Beschweren

Die unansehnlichen äußeren Blätter des Krautkopfes und den harten Strunk entfernen. Das Kraut in der Küchenmaschine fein hacken und in einer Schüssel mit Salz vermengen. Mit den Fäusten kräftig stampfen oder mit den Fingern zerdrücken, damit es geschmeidiger wird. Sobald das Kraut weich ist und viel Saft ausgetreten ist, Wacholderbeeren und Lorbeerblätter hinzugeben und untermengen.

Die Mischung in das Einmachglas füllen, einen Glasdeckel (z. B. von Weck-Einmachgläsern) darauflegen und mit einem sauberen Stein beschweren.

Bei etwa 22 °C Zimmertemperatur 1 Woche gären lassen oder bei etwa 15 °C Kellertemperatur 2 Wochen. Stets darauf achten, dass das Kraut mit Lake bedeckt ist, um Schimmelbildung vorzubeugen. Das verzehrfertige Sauerkraut ist danach mehrere Monate lang haltbar.

Für die Zubereitung das fermentierte Kraut in einen Topf geben und bei mittlerer Temperatur erhitzen.

Das Kraut zu Bratwürsten und etwas Senf oder Meerrettich servieren.

Ob Blaukraut oder Rotkohl, das leuchtend rote Gemüse ist ein Klassiker zu Fleischgerichten und lässt sich gut einmachen. Man kann auch Blaukraut aus dem Glas verwenden; möchte man jedoch noch etwas Biss, eignet sich selbst gemachtes Blaukraut besser.

fränkisches blaukraut

FÜR 4–6 PERSONEN ALS BEILAGE

1 kg Rotkohl
1 Zwiebel
2–3 Äpfel
30 g Butterschmalz
1 EL Zucker
4 EL Weinessig
Salz
2 Lorbeerblätter (nach Belieben)
3 Nelken (nach Belieben)
1 EL Mehl zum Binden (nach Belieben)
2 EL Preiselbeeren (nach Belieben)

Küchenreibe

Den Rotkohl putzen, waschen und vierteln. Den Strunk ausschneiden und die Viertel in dünne Streifen hobeln. Die Zwiebel schälen und fein hacken. Die Äpfel schälen, vierteln, das Kerngehäuse entfernen und in kleine Würfel schneiden.

Das Butterschmalz in einem mittleren Topf zerlassen und den Zucker einstreuen. 1 Minute karamellisieren lassen, dann Zwiebel- und Apfelwürfel hinzugeben und kurz dünsten. Blaukraut und Essig zufügen, salzen und unter Rühren sautieren. Mit 1 Schuss Wasser ablöschen und nach Belieben Gewürze hinzufügen.

Abgedeckt bei mittlerer Temperatur 45 Minuten weich dünsten. Je nach gewünschter Konsistenz mehr Wasser zugießen oder mit Mehl abbinden und aufkochen lassen. Nochmals abschmecken und nach Belieben Preiselbeeren unterrühren.

Brühpulver ist platzsparend, lange haltbar und sehr einfach selbst herzustellen. Nanette verwendete nur Gemüse aus ihrem Garten, und das war natürlich von bester Qualität.

gemüsebrühpulver

AUSREICHEND FÜR 1 GROSSES SCHRAUBGLAS

280 g Gemüsezwiebeln
4 Knoblauchzehen
200 g Karotten
150 g Staudensellerie
100 g Lauch
1 Bund Petersilie
1 Bund Liebstöckel
130 g Meersalz

Mixer
Schraubglas mit ½–1 l Fassungsvermögen

Gemüse und Kräuter putzen, bei Bedarf schälen und waschen, und ohne Salz im Mixer portionsweise sehr fein hacken. Anschließend das Salz gründlich unter das Gemüse mengen.

Den Backofen auf 90 °C (Umluft) vorheizen.

Zwei Backbleche mit Backpapier auslegen und den Brei dünn daraufstreichen. 5–6 Stunden im Ofen dörren, bis der Gemüsebrei vollständig ausgetrocknet ist. Bei Bedarf einen Kochlöffel in die Ofentür klemmen, damit die Flüssigkeit noch besser verdampft.

Die Masse im Mixer zu Pulver verarbeiten und in ein Schraubglas füllen.

Das Salz konserviert das Pulver und macht es etwa 1 Jahr haltbar. 1 TL Gemüsebrühpulver reicht für 250 ml Wasser.

durcheinandermischen, bis es breiige Masse ist. Nun werden die t vorher gekochten, kalt geriebenen Kartoffeln daruntergemischt. Kle würfelig geschnittene Semmeln in Fett rösten. Unter öfterem E tauchen der Hände in kaltem Wasser Knödel formen, je einen Eßlö Semmelwürfel in der Mitte. In gut kochendem, reichlichem Salzwa 15 – 20 Minuten zugedeckt kochen. Die Knödel sind fertig, wenn beim Auseinanderreißen (nicht schneiden) nicht mehr teigig sind, Se melwürfel müssen trocken bleiben. Das aus den rohen Kartoffeln a gepreßte Wasser stehen lassen. Dann das Wasser abgießen. D zurückgebliebene Stärke noch einigemal wässern und dann trockn (Kartoffelmehl).

189. Brotknödel.

500 Gramm Mehl, 2 Eier, 1 Eßlöffel Salz, 3/8 Liter Milch, 4 Gramm schwarzes Brot (Brotreste verwendbar). Etwas Muskatn oder Kümmel. Gibt 8 Stück.

Mehl, Eier, Milch und Salz zu einem glatten Teig schlagen. Br möglichst fein schneiden und unter den Teig mischen. Die Ma 2 Stunden stehen lassen. Hände in kaltes Wasser tauchen, Knöd formen und jeden sofort in kochendes Salzwasser einlegen. Ko zeit 20 Minuten. Werden sehr groß, daher vor Anrichten ausei anderschneiden und mit heißer Butter übergießen. Die Knödel müss trocken und locker sein.

190. Mehlknödel.

750 Gramm Mehl, 1/2 Liter Milch, 2 Eier, 4 – 5 Semmel, 1 E löffel Salz, 1 Eßlöffel Fett.

Mehl mit Milch und Salz verrühren, die Eier dazugeben. De Teig so lange mit größerem Kochlöffel nach einer Seite schlagen, b sich Bläschen auf der oberen Teigseite bilden. Zur Erzielun lockerer Knödel ist dies unbedingt nötig, Arbeit nicht scheuen. D Semmel kleinwürfelig schneiden, in Fett rösten und in den fertig g schlagenen Teig mischen. Mit nicht zu großem, in kaltes Wasser g tauchtem Schöpflöffel Knödel abstechen und in kochendem Salzwass zugedeckt fest kochen. Wenn die Knödel oben schwimmen und gro sind, nach 25 – 30 Minuten, Probeknödel auseinanderschneiden. Ist e löcherig und trocken, dann sind die Knödel fertig. Zu Tisch gibt ma die Knödel halbiert mit geröstetem Semmelmehl bestreut als Beigab

2 ℔ Mehl, – 3/4 l Milch
3 Eier

n Blaukraut oder jeder Art Braten. Gleichzeitig mit den gerösteten Semmelwürfeln kann man dem Teig feingeschnittenen geräucherten Speck und feingeschnittenes Petersiliengrün beimischen.

191. Semmelknödel.

12 Semmeln, 2 Eier, 1/2 Liter Milch, 2 gehäufte Eßlöffel Mehl, Eßlöffel Salz. Gibt 8–9 Stück.

Gestrige Semmeln fein schneiden. Eier mit kalter Milch gut verrühren und über die Semmeln schütten. Eßlöffel Salz dazugeben und fest durcheinandermischen. Es ist gut, die Semmeln möglichst lange weichen zu lassen (1–2 Stunden). Darnach Mehl dazugeben und nochmals gut vermengen. Mit den in Wasser getauchten Händen nicht zu große Knödel formen und in reichlich Salzwasser 15–20 Minuten zugedeckt kochen. Probeknödel auseinanderschneiden, muß locker und trocken sein.

192. Fleischknödel.

Zubereitung wie Semmelknödel (Nr. 191). Mit dem Mehl gibt man eine feingeschnittene, in Fett gedünstete Zwiebel dazu, ferner Fleisch, Braten oder Speckreste, die durch Fleischhackmaschine gerieben sind.

193. Schinkenknödel.

12 Semmeln, 2 Eier, 1/2 Liter Milch, 2 gehäufte Eßlöffel Mehl, kleiner Eßlöffel Salz, mindestens 125 Gramm Schinken oder geräuchertes Fleisch, 2 Eßlöffel gehacktes Petersiliengrün oder Schnittlauch, etwas Muskatnuß.

Semmeln schneiden und weichen lassen wie Nr. 191. Darnach Mehl, kleinwürfelig geschnittenen Schinken und das Grüne fest daruntermengen. Knödel formen und kochen wie Nr. 191. Können mit Kraut als Beilage oder in Fleischbrühe als Suppe gegeben werden.

194. Leberknödel.

12 Semmeln, 250 Gramm Rindsleber, 2 Eier, 1/2 Liter Milch, 2 gehäufte Eßlöffel Mehl, etwas Zitronenschale, Majoran, 1 kleine Zwiebel, Petersiliengrün, etwas Schnittlauch, Muskatnuß, 1 Eßlöffel Salz, Pfeffer, ungefähr 100 Gramm Mark, Rindsfett oder sonstiges Fett.

Mehlklöße sind in der fränkischen Küche häufig zu finden: Sie können deftig zu Sauerkraut (Rezept S. 231) und Kalbs- oder Schweinebraten oder als Einlage in Linsen- oder Erbsensuppe (dann »Spootzn« genannt, Rezept S. 72) serviert werden. In der Pfanne mit Ei überbacken, werden sie in Kombination mit Blatt-, Gurken- oder Feldsalat zu einem wunderbar leichten Sommeressen.

mehlklöße

FÜR 4 PERSONEN

350 g Weizenmehl
150 g Weizenvollkornmehl
Salz
3–4 Bio-Eier
250 ml Milch

Beide Mehlsorten in eine Schüssel geben und Salz sowie Eier zufügen. Mit Milch und 250 ml Wasser zu einem glatten Teig verrühren, der etwas fester als Spätzleteig sein sollte. Den Teig mit einem Holzlöffel sehr gut abschlagen, bis er Blasen wirft.

10–12 Minuten zum Quellen beiseitestellen und in der Zwischenzeit Salzwasser zum Kochen bringen. Mit einem Esslöffel Klöße vom Teig abstechen, in das Wasser einlegen und je nach Größe 10–20 Minuten ziehen lassen. Sobald die Klöße an der Wasseroberfläche schwimmen, sind sie fertig.

Gerne nach dem Quellen noch 1–2 in kleine Würfel geschnittene altbackene Semmeln unter den Teig rühren. Diese gehen beim Kochen auf und machen die Mehlklöße locker.

Die Bezeichnung »halb und halb« rührt von der Verwendung von rohen und gekochten Kartoffeln her. Nach dem Kochen haben die Klöße eine strukturiertere Oberfläche als etwa die Seidenklöße, die nur aus gekochten Kartoffeln hergestellt werden. Ein Klassiker zu sämtlichen Fleisch- und Bratengerichten.

kartoffelklöße »halb und halb«

FÜR 8 KLÖSSE

400 g gegarte mehligkochende Kartoffeln vom Vortag
400 g rohe mehligkochende Kartoffeln
2 Bio-Eier
Salz
frisch gemahlene Muskatnuss
4 Scheiben Vollkorntoast
2 EL kalt gepresstes Sonnenblumenöl
Mehl zum Arbeiten

Kartoffelpresse
Küchenreibe

Die Kartoffeln schälen und durch die Kartoffelpresse in eine große Schüssel drücken. Eine kleine Schüssel mit einem sauberen Küchentuch auslegen. Die rohen Kartoffeln schälen und in die Schüssel reiben. Das Tuch zusammenraffen und mit den Händen über der Schüssel kräftig auspressen. Den ausgetretenen Saft ruhen lassen, bis sich die Stärke abgesetzt hat. Den klaren Saft vorsichtig abgießen.

Die rohen Kartoffeln zu den gepressten geben und zusammen mit Eiern und Stärke zu einem glatten Teig vermengen. Mit Salz und Muskatnuss abschmecken und 30 Minuten kühl stellen.

Die Brotscheiben goldgelb toasten und klein würfeln. Das Öl in einer Pfanne erhitzen, die Brotwürfel hineingeben, unter Rühren hellbraun rösten und abkühlen lassen. Einen Topf mit Salzwasser zum Kochen bringen.

Den Teig auf der bemehlten Arbeitsfläche zu einer Rolle formen, in acht Stücke schneiden und zu Klößen formen. Dabei die Brotwürfel jeweils in die Mitte eines jeden Kloßes einarbeiten. Die Klöße in das kochende Salzwasser einlegen, die Temperatur reduzieren und bei schwacher Hitze (das Wasser darf nicht kochen) 25 Minuten gar ziehen lassen.

»Stopfer«, »Kartoffelstampf«, »Kartoffelpüree« – so viele Bezeichnungen es für den beliebten Kartoffelbrei gibt, so viele Verwendungsmöglichkeiten bietet er auch. Ein Klassiker zu Fleischgerichten.

»stopfer«

(kartoffelbrei)

FÜR 6 PERSONEN

1,5 kg geschälte mehligkochende Kartoffeln
Salz
250 ml heiße Milch
100 g Butter
Pfeffer aus der Mühle
1 Prise Muskatnuss
1 Zwiebel
1 EL Butter zum Braten

Kartoffelstampfer

Die Kartoffeln in Stücke schneiden und in einem Topf 20 Minuten in Salzwasser kochen. Abgießen, in eine Schüssel geben und mit dem Kartoffelstampfer gründlich zerdrücken.

Die Masse nochmals mit dem Kochlöffel kräftig schlagen und die heiße Milch langsam unterrühren. Butter, Pfeffer, Muskat und 1 Prise Salz hinzufügen und kräftig mit dem Schneebesen aufschlagen.

Die Zwiebel schälen und in Ringe schneiden. Etwas Butter in einer Pfanne erhitzen und die Zwiebel darin einige Minuten bräunen. Den Kartoffelbrei mit den frittierten Zwiebelringen anrichten.

Bei Nanettes zahlreichen Italienreisen brachte sie auch immer wieder etwas Neues für ihre Rezeptbücher mit – so wie diese Tomatensauce. Sie verwendete hierfür ausschließlich Tomaten aus ihrem eigenen Garten. Für ihren Vorrat füllte Nanette die Sauce heiß in Schraubgläser oder fror sie ein.

klassische tomatensauce

FÜR 4 PERSONEN

500 g vollreife Tomaten
1 kleine Zwiebel
1 Knoblauchzehe
1–2 Stängel Basilikum oder glatte Petersilie
2 EL Öl
Salz und Pfeffer aus der Mühle
½ TL Zucker, plus etwas mehr zum Abschmecken

Pürierstab (nach Bedarf)

Die Tomaten waschen und vierteln. Die Stielansätze entfernen und die Hälften in Würfel schneiden. Zwiebel und Knoblauch schälen und fein hacken. Das Basilikum waschen und trocken schütteln. Die Blättchen abzupfen und fein hacken. Den Stiel beiseitelegen.

Das Öl in einem Topf erhitzen und Zwiebel sowie Knoblauch darin glasig dünsten. Die Tomatenwürfel einrühren. Mit Salz, Pfeffer und Zucker würzen. Den Basilikumstängel zugeben. Alles offen bei mittlerer Hitze etwa 30 Minuten köcheln lassen, bis die Sauce eindickt.

Den Basilikumstängel entfernen und die Sauce nach Wunsch fein pürieren. Die Basilikumblättchen unter die Sauce heben. Mit Salz, Pfeffer und Zucker abschmecken und servieren.

Dazu passen Nudeln in jeder Form, aber auch gebratene Fleischbällchen oder mit Semmelbröseln und Parmesan panierte Schnitzel.

Selbst gemachte Vanillesauce schmeckt einfach am besten. Zu Kirschenmännle (Rezept S. 215), Bettelmann (Rezept S. 222), Apfelküchle (Rezept S. 223) oder Apfelstrudel servieren.

vanillesauce

FÜR 6–8 PERSONEN

40 g Speisestärke
1 l Milch
1 Msp. Salz
1 Vanilleschote
2 Bio-Eigelbe
60–80 g Zucker

In einer Schale die Speisestärke mit einem Schneebesen mit 125 ml Milch verquirlen. Die restliche Milch mit etwas Salz in einen kleinen Topf geben. Die Vanilleschote der Länge nach halbieren, das Mark herausschaben und mit der Schote in der Milch aufkochen.

Von der Herdplatte ziehen, die Schote herausnehmen und die Stärke-Milch-Mischung zusammen mit den Eigelben unterrühren. Nochmals unter Rühren aufkochen.

Den Topf vom Herd nehmen, den Zucker unterrühren und die Vanillesauce bis zum Verzehr abgedeckt warm halten. Dabei gelegentlich umrühren, damit sich keine Haut bildet.

Zwetschgen vertragen sich gut mit Gewürzen. Wenn die Früchte sehr süß sind, nimmt man einfach weniger Zucker.

würziges zwetschgenkompott

FÜR 4–6 PERSONEN

700 g Zwetschgen
20 g Ingwer
75 g Zucker
200 ml Apfelsaft
1 Vanilleschote
1 Zimtstange
1 Lorbeerblatt
1 Stück Bio-Orangenschale
1 Stück Bio-Zitronenschale

Die Zwetschgen waschen, halbieren und entsteinen. Den Ingwer schälen und in dünne Scheiben schneiden.

Zwetschgen, Ingwer, Zucker und Apfelsaft in einen Topf geben. Die Vanilleschote längs halbieren und das Mark herausschaben. Vanilleschote und -mark, Zimtstange und Lorbeerblatt sowie Orangen- und Zitronenschale zu den Zwetschgen geben. Aufkochen und zugedeckt etwa 5 Minuten köcheln lassen, bis die Zwetschgen weich sind, aber nicht zerfallen.

Das Kompott vom Herd nehmen und lauwarm abkühlen lassen. Die Gewürze entfernen und servieren.

Dazu passen Pfannkuchen, Milchreis oder 1 Kugel Eis.

Birnen haben zusammen mit Brombeeren Saison. So unterschiedlich sie auch sind, kombiniert sind die beiden Früchte unschlagbar.

brombeer-birnen-konfitüre

FÜR 4–6 EINMACHGLÄSER

250 g Birnen (Nettogewicht)
750 g Brombeeren
500 g Gelierzucker 2:1

Einmachgläser mit Deckel

Die Birnen schälen, vierteln und das Kerngehäuse entfernen. Die Viertel in kleine Würfel schneiden und 250 g abwiegen. Brombeeren verlesen und bei Bedarf behutsam waschen.

Birnenwürfel, Brombeeren und Gelierzucker in einem Topf vermischen und 3–4 Stunden zugedeckt ziehen lassen. Unter Rühren aufkochen und 3 Minuten oder nach Packungsanweisung sprudelnd kochen lassen.

Die Konfitüre sofort in vorbereitete Schraubgläser füllen, verschließen und noch heiß stürzen. So hält sie sich mehrere Monate.

Diese Konfitüre bekommt durch das Marzipan einen dezenten Mandelgeschmack, der wunderbar zu den Sauerkirschen passt. Zusammen mit Amaretto ein echter Gaumenschmaus.

sauerkirsch-marzipan-konfitüre

FÜR 4–6 EINMACHGLÄSER

1 kg Sauerkirschen (Nettogewicht)
50 g Marzipan
500 g Gelierzucker 2:1
4 cl Amaretto

Pürierstab
Einmachgläser mit Deckel

Die Sauerkirschen waschen, entstielen, entsteinen und pürieren. Das Marzipan in kleine Würfel schneiden.

Sauerkirschpüree und Gelierzucker in einem Topf mischen. Unter Rühren aufkochen und 3 Minuten oder nach Packungsanweisung sprudelnd kochen lassen. Amaretto und Marzipan zufügen und alles gut mischen.

Die Konfitüre sofort in vorbereitete Schraubgläser füllen, verschließen und noch heiß stürzen. Sie hält sich mehrere Monate.

So schnell gemacht und doch so einfach. Am besten eignen sich mehlige säuerliche Äpfel, die leicht zerfallen. Das Apfelmus passt hervorragend zu Reis-Quark-Auflauf (Rezept S. 208) oder Baunzern (Rezept S. 209) – oder schmeckt auch pur mit etwas Schlagsahne.

apfelmus

FÜR 6–8 EINMACHGLÄSER

1,5 kg säuerliche Äpfel (z. B. Boskop)
Abrieb und Saft von ½ Bio-Zitrone
170 g Zucker
2 cl Calvados
30 g Butter

Einmachgläser mit Deckel (150–200 ml Fassungsvermögen)

Die Äpfel schälen, vierteln, Kerngehäuse entfernen und in kleine Würfel schneiden. Die Apfelstücke in einen Topf geben und den Zitronenabrieb dazugeben. Den Zucker zufügen und den Deckel auflegen. Aufkochen, dann bei schwacher Hitze 30 Minuten köcheln lassen. Dabei regelmäßig umrühren.

Zitronensaft, Calvados und Butter in das Mus einrühren und in Einmachgläser abfüllen. Noch heiß stürzen. Ungeöffnet hält es sich so mehrere Wochen.

Das fertige Apfelmus kann auch tiefgekühlt gut für mehrere Monate aufbewahrt werden.

Der Vitamin-C-reiche Holundersirup schmeckt in Tee oder Punsch. Er lindert Erkältungen und ist ein bewährtes Mittel aus Nanettes Hausapotheke. Natürlich schmeckt er auch im Sommer in etwas Sekt oder Sprudelwasser.

holundersirup

FÜR 1–2 FLASCHEN

1 kg reife Holunderbeeren in Dolden
1 kg Zucker je Liter Saft

Entsafter
sterile fest verschließbare Flaschen oder Einmachgläser

Die Holunderbeerdolden waschen, die Beeren abzupfen und im Entsafter nach Anleitung entsaften.

Pro Liter Saft 1 kg Zucker abwiegen. In einem großen Topf Saft und Zucker mischen, zum Kochen bringen und köcheln lassen, bis sich der Zucker aufgelöst hat.

Den heißen Sirup in Flaschen mit Schraubverschluss füllen und sofort verschließen. Er hält sich 1 Jahr – bis zur nächsten Ernte.

Den Sirup mögen vor allem Kinder gerne zu Hirse-Grießbrei. Dafür 1,5 l Milch mit 1 Prise Salz erhitzen. Sobald die Milch kocht, 100 g Hirse und 100 g Weichweizengrieß einstreuen und unter häufigem Rühren langsam gar kochen. Den Brei noch einige Minuten ausquellen lassen und nach Geschmack mit Zucker und Zimt bestreuen.

register & danksagung

A

Amaretto-Kirschen 212
Äpfel: Schneller Rote-Bete-Apfel-Salat 38
Sellerie-»Schafmäuli«-Salat mit Bratapfel 46
Fränkische Brotsuppn 51
Marinierte Heringe 125
Bauernente 177
Scheiterhaufen 202
Bratäpfel mit Marzipan und Orangenlikör 206
Baunzer (Kartoffelnudeln) 209
Bettelmann 222
Apfelküchle 223
Apfelblootz 224
Fränkisches Blaukraut 232
Apfelmus 244
Arme Ritter mit Kirschkompott und Honig 194
Auberginen-Zucchini-Gratin mit Linsen 96

B

Baggers (Kartoffelrösti) 196
Baunzer (Kartoffelnudeln) 209
Beeren: Sauerbraten 136
Kalbsleber mit Brombeeren 142
Rehgulasch 186
Stachelbeercreme 211
Erdbeer-Tiramisu 218
Himbeerkuchen 225
Fränkisches Blaukraut 232
Brombeer-Birnen-Konfitüre 242
Holundersirup 245
Bettelmann 222
Bier: Schweinebraten in Dunkelbiersauce 152
Fränkisches Schäufele 157
Wildschwein in Dunkelbiersauce 187
Apfelküchle 223
Birnen: Risotto Rosso 76
»Himmel und Erde« 94
Scheiterhaufen 202
Brombeer-Birnen-Konfitüre 242
Blaukraut, Fränkisches 232
Bohnen: Bohnensuppe mit Spatzen 73
Lammkeule im Gemüsebett 149
Bratäpfel mit Marzipan und Orangenlikör 206
Braten: Rinderbraten Burgunder Art 126
Tafelspitz mit Meerrettichsauce 127
Sauerbraten 136
Kalbsbraten 138
Lammbraten 146
Marinierte Lammkeule 148
Lammkeule im Gemüsebett 149
Schweinebraten in Dunkelbiersauce 152
Krautbraten 164
Schinken im Brotteig mit Sauerkraut 170
Bauernente 177
Entenbrust mit Sauerkirschen 181
Gefüllte Gans 182
Wildschwein in Dunkelbiersauce 187
Kaninchen in Weißwein 188
Brombeer-Birnen-Konfitüre 242
Brot: Bratwurstgehäckbrot 14
Obatzder 17
Fränkische Brotsuppn 51
Geröstete Tomatensuppe mit »Bröckeli« 64
Cadolzburger Kartoffelgratin 97
Schweinebraten in Dunkelbiersauce 152
Schinken im Brotteig mit Sauerkraut 170
Römisch Brot 228
Kartoffelklöße »halb und halb« 237
Arme Ritter mit Kirschkompott und Honig 194

Fränkische Hochzeitssuppe 69
Kohlrabisuppe mit Spatzen (»Koläruum und Spootzn«) 72
Bohnensuppe mit Spatzen 73
Brotzeit: Bratwurstgehäckbrot 14
Presssack mit Musik 15
Bierkeller-Wurstsalat 16
Obatzder 17
Brühe (Hauptzutat): Fränkische Brotsuppn 51
»Peterla und Schwemmklöß« – Petersilienwurzel-Suppe mit Grießklößchen 52
Kartoffelsuppe 57
Käsesuppe 62
Kürbissuppe 63
Geröstete Tomatensuppe mit »Bröckeli« 64
Fränkische Hochzeitssuppe 69
Peterlessuppe 54
Kohlrabisuppe mit Spatzen (»Koläruum und Spootzn«) 72
Bohnensuppe mit Spatzen 73
Risotto Rosso 76
Pichelsteiner 150
Schweinebraten in Dunkelbiersauce 152
Fränkisches Schäufele 157

C

Cadolzburger Kartoffelgratin 97

E

Erdbeer-Tiramisu 218

F

Feldsalat: Feldsalat mit Speck 37
Sellerie-»Schafmäuli«-Salat mit Bratapfel 46
Fisch: Gebackener Karpfen nach fränkischer Art 119
Marinierte Heringe 125
Fränkisches Blaukraut 232
Fränkisches Kirschenmännle 215
Fränkisches Sauerkraut 231

G

Gebäck: Kirchweih-Küchle 200
Scheiterhaufen 202
Versoffene Jungfern in Weinschaum 203
Bratäpfel mit Marzipan und Orangenlikör 206
Reis-Quark-Auflauf 208
Baunzer (Kartoffelnudeln) 209
Fränkisches Kirschenmännle 215
Rhabarberkuchen mit Baiser 220
Hollerküchle 219
Bettelmann 222
Apfelküchle 223
Apfelblootz 224
Himbeerkuchen 225
Römisch Brot 228
Geflügel: Bauernente 177
Entenbrust mit Sauerkirschen 181
Gefüllte Gans 182
Gefüllte Zwetschgen 210
Gelbe Rüben, s. Karotten
Gemüsebrühpulver 233
Grundrezepte: Römisch Brot 228
Fränkisches Sauerkraut 231
Fränkisches Blaukraut 232
Gemüsebrühpulver 233
Mehlklöße 236
Kartoffelklöße »halb und halb« 237
»Stopfer« – Kartoffelbrei 238

Klassische Tomatensauce 239
Vanillesauce 240
Würziges Zwetschgenkompott 241
Sauerkirsch-Marzipan-Konfitüre 243
Apfelmus 244
Holundersirup 245
Gurken: Presssack mit Musik 15
Gurkengemüse 102
Marinierte Heringe 125

H

Hefeteig: Zwiebelblootz (Zwiebelkuchen) 101
Hefeplinsen 195
Kirchweih-Küchle 200
Apfelblootz 224
Römisch Brot 228
Heringe, Marinierte 125
Himbeerkuchen 225
»Himmel und Erde« 94
Hollerküchle 219
Holunder: Hollerküchle 219
Holundersirup 245

I

Innereien: Saure Lunge mit Herz 189
Kalbsleber mit Brombeeren 142

K

Kalbfleisch: Eingemachtes Kalbfleisch 139
Kalbsbraten 138
Kalbsleber mit Brombeeren 142
Karotten: Mangold mit Gelben Rüben 77
Ofengemüse 103
Sauerbraten 136
Rouladen in Rotwein 137
Kalbsbraten 138
Pichelsteiner 150
Wildschwein in Dunkelbiersauce 187
Gemüsebrühpulver 233
Karpfen, Gebackener 119
Kartoffelbrei, »Stopfer« 238
Kartoffeln: Kartoffelsalat 36
Kartoffelsuppe 57
Peterlessuppe 54
Knoblauchsländer Lauchstrudel 86
Schwarzwurzel-Kartoffel-Kasserolle 79
»Himmel und Erde« 94
Kartoffel-Zucchini-Auflauf 95
Cadolzburger Kartoffelgratin 97
Lammkeule im Gemüsebett 149
Pichelsteiner 150
Zwetschgenknödel 193
Baggers (Kartoffelrösti) 196
Baunzer (Kartoffelnudeln) 209
Kartoffelklöße »halb und halb« 237
»Stopfer« – Kartoffelbrei 238
Kartoffelklöße »halb und halb« 237
Kartoffel-Zucchini-Auflauf 95
Käse: Bierkeller-Wurstsalat 16
Obatzder 17
Feldsalat mit Speck 37
Käsesuppe 62
Käsespätzle 78
Risotto Rosso 76
Knoblauchsländer Lauchstrudel 86
Schwarzwurzel-Kartoffel-Kasserolle 79
Kartoffel-Zucchini-Auflauf 95
Auberginen-Zucchini-Gratin mit Linsen 96
Käsespätzle 78
Kirchweih 172, 191, 200
Kirchweih-Küchle 200
Kirschen: Entenbrust mit Sauerkirschen 181

Arme Ritter mit Kirschkompott und Honig 194
Amaretto-Kirschen 212
Fränkisches Kirschenmännle 215
Sauerkirsch-Marzipan-Konfitüre 243
Klassische Tomatensauce 239
Klöße: Fränkische Hochzeitssuppe 69
Mehlklöße 236
Kartoffelklöße »halb und halb« 237
Knoblauchsländer Lauchstrudel 86
Kohl: Krautsalat 35
Nürnberger im »Blättla« 162
Krautbraten 164
Krautwickel 168
Fränkisches Sauerkraut 231
Fränkisches Blaukraut 232
Kohlrabi: Kohlrabisuppe mit Spatzen (»Koläru-um und Spootzn«) 72
Kürbis: Kürbissuppe 63
Kürbis aus dem Ofen 105

L

Lammfleisch: Lammbraten 146
Marinierte Lammkeule 148
Lammkeule im Gemüsebett 149
Lauch: Kartoffelsuppe 57
Käsesuppe 62
Knoblauchsländer Lauchstrudel 86
Nanettes Porreegemüse 109
Pichelsteiner 150
Gemüsebrühpulver 233

M

Mangold: Mangold mit Gelben Rüben 77
Marzipan: Bratäpfel mit Marzipan und Orangenlikör 206
Sauerkirsch-Marzipan-Konfitüre 243
Mehlklöße 236
Mittelfranken 72

N

Nanettes Porreegemüse 109

O

Ofengemüse 103
Orangen: Rote Bete mit Orangen 39
Kürbis aus dem Ofen 105
Rhabarber mit Orange und Honig 192

P

Petersilienwurzel: Fränkische Brotsuppn 51
»Peterla und Schwemmklöß« – Petersilienwurzel-Suppe mit Grießklößchen 52
Peterlessuppe 54
Ofengemüse 103
Pichelsteiner 150
Pichelsteiner 150
Pflaumen, s. Zwetschgen
Porree, s. Lauch

Q

Quark: Reis-Quark-Auflauf 208
Stachelbeercreme 211
Bettelmann 222

R

Reis-Quark-Auflauf 208
Rhabarber: Schweinemedaillons mit Rhabarbergemüse 161
Rhabarber mit Orange und Honig 192
Rhabarberkuchen mit Baiser 220
Risotto Rosso 76

Rindfleisch: Rinderbraten Burgunder Art 126
Tafelspitz mit Meerrettichsauce 127
Sauerbraten 136
Rouladen in Rotwein 137
Kalbsbraten 138
Kalbsleber mit Brombeeren 142
Eingemachtes Kalbfleisch 139
Roggenmehl: Römisch Brot 228
Rote Bete: Schneller Rote-Bete-Apfel-Salat 38
Rote Bete mit Orangen 39
Risotto Rosso 76
Rotkohl, s. Blaukraut
Rotkraut, s. Blaukraut

S

Salate: Fränkischer Spargelsalat 31
Krautsalat 35
Kartoffelsalat 36
Feldsalat mit Speck 37
Schneller Rote-Bete-Apfel-Salat 38
Rote Bete mit Orangen 39
Sellerie-»Schafmäuli«-Salat mit Bratapfel 46
Schwarzwurzeln mit Zitronenduft 47
Saucen: Burgundersauce 126
Dunkelbiersauce 152, 187
Lebkuchensauce 136, 186, 188
Meerrettichsauce 127
Rotweinsauce 137
Tomatensauce 239
Vanillesauce 240
Weinschaumsauce 203
Weißweinsauce 188
Zwiebelsauce 160
Sauerbraten 136
Sauerkraut, Fränkisches 231
Sauerkirsch-Marzipan-Konfitüre 243
Schäufele, Fränkisches 157
Scheiterhaufen 202
Schneller Rote-Bete-Apfel-Salat 38
Schwarzwurzel-Kartoffel-Kasserolle 79
Schweinefleisch: Pichelsteiner 150
Schweinebraten in Dunkelbiersauce 152
Fränkisches Schäufele 157
Nürnberger im »Blättla« 162
Saure Bratwürste 163
Krautbraten 164
Bauchfleisch, Kraut und Erbsen 165
Fleischküchle 166
Krautwickel 168
Schinken im Brotteig mit Sauerkraut 170
Schweinemedaillons mit Rhabarbergemüse 161
»Beffsteck« – Schweinelende in Zwiebel-Sauce nach Beefsteak-Art 160
Sellerie: Sellerie-»Schafmäuli«-Salat mit Bratapfel 46
Fränkische Brotsuppn 51
Ofengemüse 103
Semmeln: Kohlrabisuppe mit Spatzen (»Koläruum und Spootzn«) 72
Bohnensuppe mit Spatzen 73
Fleischküchle 166
Krautwickel 168
Gefüllte Gans 182
Scheiterhaufen 202
Fränkisches Kirschenmännle 215
Bettelmann 222
Spargel: Fränkischer Spargelsalat 31
Fränkische Spargelsuppe 56
Spargelgemüse 92
Spatzen (Spootzn): Kohlrabisuppe mit Spatzen (»Koläruum und Spootzn«) 72

Bohnensuppe mit Spatzen 73
Versoffene Jungfern in Weinschaum 203
Stachelbeercreme 211
»Stopfer« – Kartoffelbrei 238
Suppen: Fränkische Brotsuppn 51
»Peterla und Schwemmklöß« – Petersilienwurzel-Suppe mit Grießklößchen 52
Fränkische Spargelsuppe 56
Kartoffelsuppe 57
Käsesuppe 62
Kürbissuppe 63
Geröstete Tomatensuppe mit »Bröckeli« 64
Fränkische Hochzeitssuppe 69
Peterlessuppe 54
Kohlrabisuppe mit Spatzen (»Kolärum und Spootzn«) 72
Bohnensuppe mit Spatzen 73

T

Tomaten: Geröstete Tomatensuppe mit »Bröckeli« 64
Lammbraten 146
Bauernente 177
Klassische Tomatensauce 239

V

Vanillesauce 240
Versoffene Jungfern in Weinschaum 203

W

Wein: Fränkische Spargelsuppe 56
Käsesuppe 62
Kürbissuppe 63
Peterlessuppe 54
Risotto Rosso 76
Ofengemüse 103
Rinderbraten Burgunder Art 126
Rouladen in Rotwein 137
Kalbsbraten 138
Kalbsleber mit Brombeeren 142
Eingemachtes Kalbfleisch 139
Lammbraten 146
Lammkeule im Gemüsebett 149
Krautbraten 164
Entenbrust mit Sauerkirschen 181
Rehgulasch 186
Kaninchen in Weißwein 188
Versoffene Jungfern in Weinschaum 203
Stachelbeercreme 211
Wild: Rehgulasch 186
Wildschwein in Dunkelbiersauce 187
Kaninchen in Weißwein 188
Wirsing: Wirsinggemüse mit Meerrettich 112
Würziges Zwetschgenkompott 241

Z

Zucchini: Kartoffel-Zucchini-Auflauf 95
Auberginen-Zucchini-Gratin mit Linsen 96
Zucchinigemüse 104
Zwetschgen: Zwetschgenknödel 193
Gefüllte Zwetschgen 210
Würziges Zwetschgenkompott 241
Zwiebelblootz (Zwiebelkuchen) 101

zubereitungshinweise

Löffelmaßangaben: Falls nicht anders angeführt, sind stets gestrichene Löffel gemeint. EL und TL sind Abkürzungen für Esslöffel und Teelöffel.

Backofen: Wenn nicht anders angegeben, gelten die Temperaturen für konventionelle Backöfen mit Ober-/Unterhitze. Beim Backen und Garen mit Umluft muss die Temperatur jeweils um etwa 20 °C reduziert werden. Backen und garen Sie stets in der Ofenmitte.

Stets sterilisierte Einmachgläser verwenden.

Hygiene: Achten Sie bei der Zubereitung von rohem Fleisch auf peinliche Hygiene. Waschen Sie benutzte Schneidebretter, Messer, Arbeitsflächen und Ihre Hände nach Gebrauch sorgfältig heiß ab. Fleisch und Gemüse nie auf demselben Schneidebrett verarbeiten. Fleisch sollte vor der Zubereitung immer trocken getupft werden.

Obst und Gemüse vor der Verarbeitung immer waschen, putzen oder bei Bedarf schälen.

danksagung des verlags

Besonderer Dank gilt den Familien Herz und Himpel, die sich die Zeit genommen haben, den Verlagsmitarbeitern auch für einen zweiten Nanette-Band mit ihrer Zeit und Auskunft zur Seite zu stehen. Eure Anekdoten und Geschichten machen das Buch zu etwas sehr Persönlichem und Besonderem. Herzlichen Dank auch an Gerlinde Herz für ihr unermüdliches Suchen und Stöbern nach altem Fotomaterial und vielen weiteren Schätzen in den Schubladen und Dachböden des Bauhofs. Ohne euch wäre dieses Buch nicht möglich gewesen.

hinweis

Alle Textstellen, in denen Nanette direkt oder indirekt zitiert wird, beziehen sich auf Erzählungen der oben genannten Personen und auf ein Interview mit Nanette, welches vom »Haus der Bayerischen Geschichte« Augsburg, am 22.11.2008 geführt wurde. Für das Bereitstellen der Materialien möchte sich der Verlag ganz herzlich bedanken.

bildnachweis

Cover- und Foodfotos: © Katharina Pflug, www.katharinapflug.de
Sämtliche historischen Fotografien entstammen der privaten Sammlung von Familie Herz; S. 132/33, S. 134, S. 135, S. 171 © Rudolf Himpel; S. 12, S. 20, S. 21, S. 22/23, 24/25, S. 48/49, S. 53, S. 83/84, S. 114, S. 128/29, S. 131, S. 140, S. 174, S. 176, S. 184, S. 190, S. 213; S. 234/35 © ars vivendi verlag